AF306194

ÉTUDES MORALES SUR LA SOCIÉTÉ CONTEMPORAINE

LE MARIAGE

EN FRANCE

STATISTIQUE — RÉFORMES

PAR

Ernest CADET,

DOCTEUR EN DROIT,
CHEF DE BUREAU AU MINISTÈRE DE L'INSTRUCTION PUBLIQUE,
PROFESSEUR DE LÉGISLATION USUELLE A L'ASSOCIATION PHILOTECHNIQUE,
CHEVALIER DE LA LÉGION D'HONNEUR,
OFFICIER DE L'INSTRUCTION PUBLIQUE.

Première mention honorable de l'Académie des sciences morales et politiques (1870).

PARIS

GUILLAUMIN ET Cⁱᵉ, LIBRAIRES,
14, RUE RICHELIEU, 14

1870

ÉTUDES MORALES SUR LA SOCIÉTÉ CONTEMPORAINE.

LE MARIAGE

EN FRANCE

STATISTIQUE — RÉFORMES

ÉTUDES MORALES SUR LA SOCIÉTÉ CONTEMPORAINE

LE MARIAGE

EN FRANCE

STATISTIQUE — RÉFORMES

PAR

Ernest CADET,

DOCTEUR EN DROIT,
CHEF DE BUREAU AU MINISTÈRE DE L'INSTRUCTION PUBLIQUE,
PROFESSEUR DE LÉGISLATION USUELLE A L'ASSOCIATION PHILOTECHNIQUE,
CHEVALIER DE LA LÉGION D'HONNEUR,
OFFICIER DE L'INSTRUCTION PUBLIQUE.

Première mention honorable de l'Académie des sciences morales et politiques (1870).

PARIS

GUILLAUMIN ET Cⁱᵉ, LIBRAIRES,
14, RUE RICHELIEU, 14
1870

Paris, Imprimerie Paul DUPONT, rue Jean-Jacques-Rousseau, 41. (4710.2.71.)

AVANT-PROPOS

Ce travail, soumis à l'appréciation des sections de
morale et de législation de l'Académie des sciences
morales et politiques, a été jugé digne, en 1870, d'une
première mention honorable (1). Malgré les imperfections d'une étude embrassant un sujet aussi

(1) *Concours ouvert, pour le prix fondé par M. le docteur Beunaiche de
la Corbière, sur la question suivante :* DU MARIAGE CONSIDÉRÉ AU POINT
DE VUE MORAL ET RELIGIEUX, LÉGAL ET SOCIAL.

L'Académie avait tracé en ces termes le programme du concours :

« Les concurrents auront à étudier le mariage, tel qu'il est aujourd'hui
en France, au point de vue des mœurs, de la religion, des lois et des intérêts sociaux.

« Les mémoires pourront contenir trois parties :

« Les concurrents réuniront dans la première tous les renseignements
qu'ils pourront recueillir sur le nombre des naissances légitimes comparé à
celui des naissances illégitimes, sur les légitimations par mariages subséquents, sur les procès en séparation de corps et sur les demandes d'aliments.

« Dans la seconde partie, les concurrents rechercheront les causes des
faits constatés dans la première, et ils les demanderont successivement aux
lois, aux mœurs, aux croyances religieuses ou philosophiques, à l'économie
politique.

« La troisième partie sera consacrée à tirer les conséquences des deux
premières et à examiner si, pour amener des réformes dans les mœurs, il y
a lieu d'en proposer dans la législation. »

vaste, l'auteur croit devoir la publier. Son but est d'appeler l'attention des moralistes, des économistes, du législateur sur quelques propositions de réformes qui lui semblent pratiques et éminemment utiles pour les mœurs.

E. C.

Paris, 10 octobre 1870.

TABLE DES MATIÈRES

PREMIÈRE PARTIE.

LES FAITS.

DEUXIÈME PARTIE.

LES CAUSES.

TROISIÈME PARTIE.

LES RÉFORMES.

CONCLUSION.

INTRODUCTION

Source de la famille et pépinière de l'État, le mariage
est la première, la plus nécessaire et la plus sacrée des
institutions humaines. Il est le gage des mœurs privées
et la sauvegarde des mœurs publiques. « Par lui,
l'union des sexes s'élève à la hauteur d'un fait humain,
au lieu de ne reposer que sur un acte physique, comme
l'accouplement des animaux. L'esprit l'emporte sur la
matière ; la raison modifie l'emportement de l'instinct ;
elle amène, au lieu d'un rapprochement fortuit entre
l'homme et la femme, un partage d'existence. Il ne
s'agit plus de la satisfaction passagère d'un plaisir des
sens, mais d'un rapport durable, permanent, qui absorbe
l'acte physique dans l'idée prédominante de l'union des
âmes ; c'est le triomphe de l'esprit sur le corps (1). »

____

(1) M. WOLOWSKI, *De la société conjugale.*

Si l'on s'en rapporte à la tradition, le mariage est d'institution divine, et son origine remonte à la création même de l'humanité, car, selon la Genèse (1), lorsque Dieu eut créé l'homme et l'eut placé dans le Paradis terrestre, il voulut lui donner une compagne : « *Dixit quoque Dominus Deus : non est bonum esse hominem solum ; faciamus ei adjutorium simile sibi.* »

La haute importance du mariage, dont toutes les traditions des peuples rapportent l'institution à leurs premiers chefs, a été universellement sentie. De tout temps, les législateurs ont fait de ce contrat l'objet de leur sollicitude particulière ; de tout temps, les philosophes et les moralistes en ont signalé l'excellence.

Platon, qui pourtant n'a pas bien compris la dignité du foyer domestique, disait (2) que, « pour une république bien constituée, les premières lois devaient être celles qui règlent les mariages. »

Confucius a dit aussi (3) : « Rien n'est plus sacré que cette union, et du bon ordre qui y règne résulte celui de toute la société. »

Dans le peu de mots que Sénèque a consacrés à la famille, se trouve un précepte capital : la sainteté du mariage, l'égalité des deux époux devant la morale (4).

On connaît la belle définition du mariage donnée par

---

(1) Cap. 2, v. 18 et suiv,

(2) *Les lois,* liv. IV.

(3) *Pensées morales,* xcix.

(4) « *Scis, improbum esse qui ab uxore pudicitiam exigit, ipse alienarum corruptor uxorum : scis, ut illi nil cum adultero, sic tibi nil esse debere cum pollice.* » (AD LUCILIUM, epist. xciv.)

le jurisconsulte Modestin : « *Nuptiæ sunt conjunctio maris et feminæ, consortium omnis vitæ, divini juris et humani communicatio.* »

Si quelques pères de l'Église, entre autres saint Cyrille d'Alexandrie, saint Chrysostôme, saint Ambroise, saint Jérôme, cédant trop au mysticisme oriental, regardèrent le mariage comme un mal rendu nécessaire par la corruption du genre humain, d'autres voix s'élevèrent pour combattre cette funeste tendance. Fidèles interprètes des doctrines primitives du christianisme, saint Ignace, Hermas, Clément d'Alexandrie, Lactance, déclarèrent honorable et saint l'état du mariage.

Un fait digne de remarque, c'est l'antique et universelle coutume de placer le mariage sous les auspices de la divinité : « Quiconque croit en Dieu croit aussi que le mariage est une de ses lois les plus précieuses pour la consolation de la vie humaine. On éprouve le besoin d'élever son âme vers le Créateur au début de ce grand acte qui va fonder une famille nouvelle et ajouter un anneau à la chaîne infinie de la création. De là ces rites si divers qui, au milieu de leur diversité même, attestent le consentement universel de l'humanité pour solenniser le mariage (1). »

L'achat des filles fut la première forme du mariage. Nous ne parlons point de cet état sauvage où l'homme

---

(1) Troplong, *Mémoire sur l'esprit démocratique dans le Code civil.*

ravissait l'objet de ses désirs, et que nous a dépeint Horace dans l'une de ses satires (1).

L'universalité de cet achat, point de départ de la constitution de la famille, se rencontre dans l'enfance de toutes les races, comme l'ont parfaitement mis en lumière les intéressantes et savantes *Études historiques sur le développement de la société humaine*, de M. Kœnigswarter.

Lorsqu'une civilisation plus avancée eut donné à la femme une dignité personnelle incompatible avec un achat, le prix revêtit un nom plus honorable, un caractère plus doux : il devint un *douaire*. Enfin la femme se dota elle-même, et, s'élevant par une émancipation lente et graduelle, elle est arrivée à devenir l'associée de son mari. « Quel immense espace le mariage n'a-t-il pas parcouru depuis l'union primitive où la femme est achetée, où elle est répudiée par le caprice de l'homme, où elle n'est que l'esclave et l'humble instrument de sa volupté, passant de la polygamie simultanée à travers la polygamie successive, pour arriver enfin au principe monogame et finir par élever l'esclave au titre d'épouse, au rang d'associée dans l'union conjugale (2) ! »

Il n'y a pas de meilleur signe des bonnes mœurs d'un peuple ou d'une cité que le respect du mariage.

----

(1)   « ...... Fuit ante Helenam cunnus teterrima belli
          Causa ; sed ignotis perierunt mortibus illi,
          Quos, venerem incertam rapientes, more ferarum,
          Viribus editior cædebat, ut in grege taurus. »
                              (LIB. I, tit. V, v. 107.)
(2) TROPLONG, Préface du *Contrat de mariage*.

« L'histoire », dit M. Troplong (1), « nous offre deux époques mémorables, depuis les Romains jusqu'à nos jours, où le discrédit du mariage dégrada la société et compromit son existence : la première fut une époque d'extrême civilisation ; la seconde, une époque d'extrême barbarie. Là le monde était païen ; Auguste régnait à Rome, et tous les efforts de la loi furent trop faibles pour rendre au mariage sa dignité. Ici, le monde était catholique ; les papes régnaient à la place des empereurs, et le christianisme, plus puissant que la sagesse païenne, sauva le mariage, la famille, la société... Les célèbres lois d'Auguste portées contre le célibat ne purent rendre au mariage son lustre effacé. Ces lois tiraient leur force de la politique ; il aurait fallu leur donner celle des mœurs, et le paganisme n'était pas assez puissant pour cette régénération.

« Au moyen âge, ce ne fut pas le célibat qui fit la guerre au mariage, ce fut la pluralité des mariages et le concubinage. Le célibat, revêtu d'un caractère austère, ne fut qu'une loi difficile, imposée aux ecclésiastiques dans des vues de perfection ; il n'était pas un état hostile dont les institutions de la famille eurent à s'inquiéter. Mais les répudiations, le divorce et le concubinage, répandus dans toutes les classes, et encouragés par les scandales des rois et des grands, furent la plaie de l'époque et la cause du trouble dans les unions, de la perturbation dans l'état civil, et d'une effroyable dissolution dans les mœurs. L'Église lutta ; elle s'arma des décrets des conciles et des foudres de l'excommunication,

---

(1) Préface du *Contrat de mariage*.

elle agit par la persuasion et par la terreur des peines. Le mariage resta victorieux. Il s'éleva à la véritable hauteur où l'a placé le christianisme. A la faveur de cette restauration, il est resté un sacrement dans l'ordre spirituel, et un lien indissoluble dans la loi. C'est un des plus grands services que l'Église ait rendus à la civilisation moderne. »

Les vertus publiques tiennent essentiellement à la pureté des mœurs, et M. de Tocqueville (1) l'a dit avec vérité : « En Europe, presque tous les désordres de la société prennent naissance autour du foyer domestique et non loin de la couche nuptiale (2). »

La Rochefoucauld a écrit (3) : « Il y a de bons mariages ; il n'y en a point de délicieux. » L'auteur des *Maximes* est trop absolu. Les mariages « délicieux » sont rares, il est vrai, mais ne peut-il y en avoir ? — Jean-Jacques Rousseau croyait, comme nous le pensons, qu'il peut s'en rencontrer. « Le mariage, dit-il, dans une lettre du 6 janvier 1759 (4), est un état de discorde et de trouble pour les gens corrompus, mais pour les gens de bien il est le paradis sur la terre. » — Et, dans une autre lettre, datée du 17 mars 1762 (5), on lit

---

(1) *De la Démocratie en Amérique*, t. II, p. 217.
(2) Horace dit dans son ode aux Romains :
 « Fecunda culpæ sœcula nuptias
  Primum inquinavere, et genus, et domos ;
  Hoc fonte derivata clades
  In patriam populumque flexit. »
(3) *Réflexions morales*, CXIII.
(4) A M. Vernes.
(5) A M. Kirchberger.

cette phrase : « Je suis toujours persuadé que le vrai bonheur de la vie est dans un mariage bien assorti. »

La Bruyère (1) est allé plus loin encore que La Rochefoucauld : « Il y a peu de femmes si parfaites qu'elles empêchent un mari de se repentir, du moins une fois le jour, d'avoir une femme, ou de trouver heureux celui qui n'en a point. » — En mettant sur le compte de la femme seule les désagréments qui peuvent résulter du mariage, La Bruyère est évidemment injuste.

Montaigne (2) est plus vrai, lui qui n'a pas mis à un si haut prix les conditions du bonheur conjugal : « La touche d'un bon ménage et sa vraye preuve, regarde le temps que la société dure, si elle a esté constamment douce, loyale et commode. » — Cette définition ne suppose, en effet, ni une perfection idéale, difficile à rencontrer, ni l'absence complète de ces petits accidents de la vie domestique qui l'agitent quelquefois sans pourtant la troubler.

« Ce qu'il s'en veoid si peu de bons, » a dit encore Montaigne, « est signe de son prix et de sa valeur. A le bien façonner et à le bien prendre, il n'est point de plus belle pièce en nostre société : nous ne nous en pouvons passer, et l'allons avilissant. »

Il n'est que trop vrai, hélas ! qu'un désir immodéré des jouissances que procure l'argent fait souvent dégénérer en une spéculation honteuse et coupable l'acte de la vie qui repose le plus sur l'affection, le mérite per-

---

(1) *Des Femmes.*
(2) *Essais.*

sonnel, l'estime des parties. Les convenances do famille, de fortune, de position, qui, bien entendu, ne sauraient être dédaignées, sont les premières, quelquefois même les seules, que les parents considèrent... Quant aux hommes, étrange anomalie ! ils achètent la courtisane et, en mariage, se vendent eux-mêmes ! — On compterait facilement, du reste, les filles qui s'indignent d'être recherchées pour leur dot. Plus nombreuses sont celles qui, par calcul ou ambition, ne rougissent pas d'épouser un vieux mari. Que d'unions bénies par le prêtre qui ne l'étaient pas dans le ciel ! Que de gens à qui s'appliquent ces vers de Regnard (1) :

> « On en voit, tous les jours, qui ne font pas un crime
> D'épouser sans amour et même sans estime ! »

Le mariage contracté dans de telles conditions n'est plus qu'une prostitution légale, et, comme l'a dit M. Michelet (2), « il constitue le divorce dans l'intimité, trente années souvent d'ennui, et dans la couche conjugale un froid à congeler le mercure. » Telle est la conséquence inévitable de ce *positivisme* passant du monde des affaires dans celui des sentiments.

Si le bonheur véritable n'est pas dans les mariages d'argent, il se trouve rarement dans les mariages d'amour ; l'expérience est là pour le démontrer, et la sagesse populaire le proclame : *Mariage d'amour, mariage d'un jour !* — La passion ne dure pas longtemps ; souvent elle disparaît d'autant plus vite qu'elle était plus

(1) *Les Ménechmes*, acte V, scène 1re.
(2) *La Femme.*

violente au début, pour ne faire place qu'aux regrets,
aux reproches, à la misère. — Ce n'est donc ni la raison seule, ni l'inclination seule qui font les bons mariages : le bonheur ne peut naître que de l'alliance de
l'une et de l'autre. Égalité, sympathie, estime, voilà les
conditions qu'il faut rechercher, et, lorsqu'elles se
trouvent réunies, elles assurent aux deux époux une
parfaite harmonie de sentiments et d'humeur, de longs
jours de joie et de sérénité.

Ainsi dégagée de tout ce qui la déshonore et la com-
promet, qu'elle est sainte et digne de respect cette
association intime « voulue par la nature et choisie par
le cœur, dans laquelle la faiblesse se marie à la force,
la grâce au sérieux, les molles tendresses à la raison
austère et le travail au plaisir, association indispensable à la durée de l'espèce humaine et à la fois pleine
d'enchantements pour l'individu (1) ! »

C'est en songeant à ce pur échange d'affection, à cette
admirable communauté de dévouement, qu'un poëte
moderne (2) a dit :

> « . . . . de la vie il est doux, il est beau
>   De faire, en s'aimant, le voyage,
> Et dans ce dur trajet, ce long pèlerinage,
> De supporter à deux le pénible fardeau.
>
> « Il est doux, il est beau de monter la colline
>   Ensemble et le bras sur le bras ;
> Il est doux, il est beau, lorsque le jour décline,
> De la descendre ensemble et de dormir au bas;

---

(1) M. Paul JANET, la Famille, p. 29.
(2) M. Auguste BARBIER, Hymne au mariage.

> Comme ces vieux époux aux tranquilles figures,
> Que l'on voit côte à côte et se donnant la main
> Dormir d'un si bon cœur et d'un front si serein
> Sur les antiques sépultures. »

Nous avons cherché à apprécier l'*influence comparative du mariage et du célibat sur la longévité humaine.* — Il est bien difficile d'arriver, par les recherches statistiques, même les plus consciencieuses, à connaître la part véritable du célibat, au milieu de tant de causes diverses de mortalité des individus non mariés. Néanmoins, en examinant attentivement quels peuvent être, au point de vue de la conservation de la santé, les avantages et les inconvénients du mariage et du célibat, on réussit à déterminer avec une approximation suffisante quelle influence ces genres d'existence différents ont sur la durée de la vie dans les deux sexes.

Les chiffres donnés par le docteur Casper (1) sont tellement exagérés qu'on est tenté immédiatement d'en contester l'exactitude, et qu'on est bientôt convaincu qu'ils sont erronés. D'après lui, la mortalité des hommes mariés de vingt à trente ans serait onze fois plus faible que celle des célibataires du même âge. — Casper se sera borné sans nul doute à relever sur des registres mortuaires un certain nombre de décès de mariés, avec leur âge, puis un certain nombre de décès de célibataires, à les classer suivant l'âge de la mort, et à diviser par un même nombre le nombre des célibataires ou des mariés pour chaque période, de manière à revenir à un

---

(1) *De l'influence du mariage sur la durée de la vie humaine* (1835).

total de cent décès pour chaque catégorie ; mais il ne se
sera nullement inquiété, pour les individus mariés, de
l'âge qu'ils avaient au moment de leur mariage. Or, il
est évident que, sur cent hommes qui s'étaient mariés,
probablement comme de nos jours, la plupart après
trente ans, Casper n'en pouvait pas trouver beaucoup
qui fussent morts avant cet âge ; tandis que, sur cent décès
de célibataires, il y en avait d'autant plus d'antérieurs
à la trentième année, qu'après cet âge les célibataires
deviennent peu nombreux, à cause du grand nombre
d'entre eux qui se marient.

Pour déterminer la mortalité relative des femmes
mariées ou célibataires, Casper a employé la même
méthode vicieuse ; seulement, comme l'âge moyen du
mariage est, pour les femmes, de vingt-six ans, au lieu
d'être, comme pour les hommes, de trente ans et demi,
l'erreur est un peu moins choquante.

Dans de semblables recherches, il faut tenir compte
à la fois et de l'âge auquel sont arrivés les individus
mariés et de l'époque de leur mariage ; autrement il est
impossible d'arriver même à une approximation. —
Quant aux célibataires, ils présentent, suivant leur genre
d'occupations, et surtout le plus ou moins de régularité
de leur vie, les conditions hygiéniques les plus dissem-
blables. Discuter d'une manière générale les avantages
et les inconvénients du célibat serait donc s'exposer à
tomber dans de graves erreurs en attribuant à toute une
classe d'individus les causes de santé ou de maladie que
présentent seulement une partie d'entre eux.

Quoi qu'il en soit, il est incontestable que, si l'on voit
trop d'individus oublier leurs devoirs d'époux et de

pèrcs do famille, la plupart des hommes restent fidèles à ces devoirs, et qu'ils ont alors, à divers degrés, de nombreux avantages sur les célibataires. Le mariage les astreint à une vie plus laborieuse à cause des besoins de leur famille, et il les soumet à des habitudes plus régulières ; de plus, il met les époux à l'abri des excès de tout genre et les préserve de l'ennui en les faisant vivre en société. — D'un autre côté, s'il est certains célibataires (c'est le cas du plus grand nombre) pour qui le mariage aurait eu des avantages évidents, il en est d'autres qui peuvent arriver dans le célibat à un âge aussi avancé que dans le mariage : ce sont tous ceux qui, capables de vaincre leurs passions, auront en même temps des habitudes régulières et des occupations suffisantes pour les préserver de l'ennui. Pour les autres, le célibat abrége infailliblement leur existence ; et si les maladies auxquelles ils sont plus exposés n'ont pas la gravité que certains moralistes leur ont attribuée, s'il faut moins accuser le célibat qu'on ne le fait généralement, on ne peut nier toutefois qu'il n'exerce, chez la plupart des hommes, une influence défavorable sur la durée de la vie (1).

Dans une étude substantielle et raisonnée des *Conditions d'accroissement de la population française comparée aux autres populations européennes* (2),

---

(1) Nous avons consulté avec fruit sur ce sujet l'intéressante thèse pour le doctorat en médecine de M. Micault (28 décembre 1867), sous le titre de : *Influence du célibat sur la population.*

(2) *Journal des Économistes*, août 1867.

M. Legoyt, après avoir montré, par chiffres, que les États dont la population s'accroît le plus rapidement sont généralement ceux où le mariage est le plus fréquent, ajoute : « ... Un accroissement des mariages dans notre pays n'aurait pas seulement pour effet une plus grande fécondité légitime, mais encore une plus longue durée de la vie moyenne. La statistique officielle nous apprend, en effet, qu'à population égale les mariés (au moins à partir de vingt ans) ont moins de décès que les célibataires du même âge. C'est ce qu'indique le tableau ci-après, calculé d'après les résultats du recensement de la population en 1861 et du relevé de l'état civil, en ce qui concerne les décès de la même année :

Décès pour 100 habitants.

AGES.	SEXE MASCULIN.			SEXE FÉMININ.		
	Célibataires.	Mariés.	Veufs.	Célibataires.	Mariées.	Veuves.
De 20 à 30 ans	0.92	0.65	2.80	0.82	0.92	2.01
— 30 à 40 —	1.16	0.68	1.92	0.99	0.90	1.44
— 40 à 50 —	1.68	0.98	1.96	1.99	1.00	1.42
— 50 à 60 —	2.74	1.71	3.03	2.32	1.58	2.13

En rendant compte à l'Académie du tome XI de la *Statistique générale de la France* (2⁵ série), l'honorable M. Michel Chevalier (1) a consacré quelques

---

(1) *Compte rendu des travaux de l'Académie des sciences morales et politiques* (1864, 2⁵ semestre, p. 285).

lignes à la question qui nous occupe : « Si l'on rapproche, disait-il, les décès des célibataires, des mariés et des veufs, du total des vivants de ces trois catégories, avec l'intention d'apprécier l'influence du mariage et du célibat sur la fréquence des décès, on observe une mortalité exceptionnelle chez les mariés des deux sexes de moins de vingt ans : c'est le cas des mariages prématurés. A tous les âges suivants, les mariés donnent, à nombre égal, un moindre nombre de décès que les célibataires, d'où suit que le mariage est recommandé par l'hygiène. »

L'influence comparative du mariage et du célibat sur la criminalité n'est pas moins intéressante à apprécier. « Il n'est point douteux », a dit un éminent magistrat (1), dont l'autorité est considérable, que, « le célibataire est plus accessible que l'homme marié à la pensée du mal, dégagée quant à lui de l'étreinte des liens de famille et de la solidarité qu'ils imposent. » — D'après son témoignage, les quatre cinquièmes environ des accusés seraient célibataires. « Si l'influence de l'état civil », ajoute M. Bérenger, « sur la criminalité en général est constatée, elle n'est pas moins réelle sur certaines natures de crimes. Ainsi, sur cent accusés d'infanticide, on compte soixante-seize célibataires. Après l'infanticide, les coups et blessures envers les ascendants, et les viols et attentats à la pudeur sur les adultes sont des crimes que les célibataires commettent

---

(1) M. Bérenger, *De la répression pénale, de ses formes et de ses effets,* t. II, p. 173 et 174.

dans une proportion plus grande que les mariés et les veufs. »

Cette assertion se trouve confirmée par les statistiques des prisons que publie annuellement le ministère de l'intérieur. « Près des deux tiers de l'effectif des prisons vivent en dehors des liens du mariage (1). »

« Les célibataires », lisons-nous encore dans un *Essai sur la criminalité, sur ses causes, sur les moyens d'y remédier* (2), par M. A. Corne, avocat, « surtout déduction faite de l'armée, sont loin de former en France la moitié de la population. Ils composent cependant la majorité des criminels (3). J'emprunte le calcul suivant au compte général de 1847. La population était alors, d'après le recensement de 1846, de 35,401,761 habitants, sur lesquels on comptait 19,323,973 célibataires. Il fallait retrancher de ces deux chiffres 6 millions d'enfants de treize ans, parce qu'il est excessivement rare que des enfants de cet âge figurent parmi les accusés. Le rapport des célibataires à la population apparaissait alors comme étant de

---

(1) *Statistique centrale des prisons*, etc., pour 1863, p. xciv.

(2) *Journal des Économistes*, janvier 1868.

(3) C'est un phénomène général. En 1863, dans le royaume d'Italie, sur 47,943 condamnés pour délits par les tribunaux d'arrondissement, 25,129 étaient célibataires. En 1853, on comptait 1,371 célibataires sur 1,941 condamnés dans les États sardes. En Belgique, dans la période de 1856 à 1860, il y avait 811 célibataires sur 1,984 accusés. Parmi les individus mariés, 97 n'avaient pas d'enfants. Il y avait 65 veufs et 11 accusés d'état civil inconnu. A New-York, en 1865, sur 39,616 individus arrêtés, 19,378 étaient célibataires. L'état civil de 343 était inconnu.

45 p. 0/0. Parmi les accusés, ils se trouvaient, au contraire, dans la proportion de 4,574 à 8,704, soit 53.6 p. 0/0. En outre, sur les 4,030 accusés restants, mariés ou veufs, 770 n'avaient pas d'enfants. En 1865, sur 4,154 accusés, 2,272, soit 54.7 p. 0/0, étaient célibataires, 307 étaient veufs, 356 étaient mariés sans enfants. Il était ainsi constaté que le plus puissant soutien manquait à plus de 70 p. 0/0 d'entre eux, une femme ou des enfants, pour qu'ils pussent vivre et travailler, à qui il leur importât de ne pas laisser un héritage de malheur et de honte... »

Combien de telles observations sont fécondes pour les moralistes !

PREMIÈRE PARTIE

—

LES FAITS

PREMIÈRE PARTIE

LES FAITS

« Les questions de moralité publique sont si délicates qu'on n'y saurait toucher avec trop de précautions. Je doute que la statistique, dans ses applications exclusives, y jette une lumière suffisante; le
sujet comporte des gradations, des nuances, que les
chiffres les plus rigoureux n'atteignent pas. »

(M. LOUIS REYBAUD, *Condition morale, intellectuelle
et matérielle des ouvriers qui vivent de l'industrie
du coton.*)

La statistique est, par elle-même, une science d'un haut
enseignement; « elle est au corps social ce que la physiologie est au corps humain; elle analyse les fonctions de la
vie des peuples, signale le diagnostic de ses infirmités, et si
elle ne trouve pas toujours le remède, elle indique, du moins, le
point où il faut l'employer: c'est le bilan de la civilisation (1). »

Mais la statistique, qui depuis quelques années a fait de
très-grands progrès, n'a pas toujours été bien comprise, et,
en présence des erreurs possibles de chiffres (2), des fausses

---

(1) *Annuaire de l'Économie politique,* 1847, page 177.

(2) Nous avons relevé plusieurs erreurs de ce genre dans la Statistique
officielle de la France :

Année 1840. — Calvados. — *Mort-nés légitimes :*

    Garçons . . . . 185 } 335 et non 535.
    Filles . . . . 150 }

Année 1856. — Isère. — *Mort-nés légitimes :*

    Garçons . . . . 410 } 1,008 et non 908.
    Filles . . . . 688 }

                                                          Le total

déclarations, des doubles emplois, il faut mettre quelque prudence à conclure. Un statisticien émérite, M. Legoyt, en a fait lui-même la remarque, « des observations nouvelles, mieux faites, plus concluantes, ruinant, chaque jour, sous nos yeux, les théories en apparence le plus solidement assises. »

Si l'on s'en tenait rigoureusement aux chiffres donnés par les documents officiels, sans prendre garde aux circonstances qui en atténuent la portée ou en modifient la valeur, on ferait évidemment fausse route. Ainsi, il est certain que les enfants illégitimes qui naissent à Paris n'appartiennent pas tous à la capitale, beaucoup de filles-mères venant de la province y faire leurs couches. Par contre, un certain nombre de filles habitant Paris se rendent, pour leurs couches, dans les départements. — Il est également avéré que les localités voisines de Paris fournissent aux établissements hospitaliers de la grande ville une certaine quantité d'enfants trouvés qui, tous inscrits à l'état civil de Paris, le sont comme enfants illégitimes, bien que plusieurs soient nés dans le mariage.

A Romans (Drôme), qui ne compte que 11,258 habitants, le nombre des enfants naturels est considérable et hors de proportion avec celui des autres villes, même de plus grande importance. La municipalité de Romans nous en a fait connaître la cause : « L'hospice de Romans reçoit les enfants trouvés de tout le département de la Drôme ; les

---

Le total des mort-nés légitimes de l'année 1856 est de 35.016 au lieu de 35.516, donnés par le document officiel.

Année 1860. — Interversion de plusieurs départements : Les chiffres des naissances pour les départements de la Seine-Inférieure, de Seine-et-Oise et de Seine-et-Marne s'appliquent aux départements de Seine-et-Marne, de Seine-et-Oise et de la Seine-Inférieure.

filles enceintes viennent, en conséquence, presque toutes, accoucher à Romans, soit à l'hospice, soit chez des accoucheuses ; elles ont alors la facilité de faire recevoir leurs enfants, soit en les exposant, soit en les abandonnant par déclaration faite devant le maire, ce qui, depuis plusieurs années, est rigoureusement exigé. D'un autre côté, et avant que cette dernière mesure eût été mise à exécution, il arrivait très-fréquemment *qu'il était dressé deux actes de naissance pour le même enfant,* l'accouchéuse faisant d'abord sa déclaration à la mairie, ce qui donnait lieu à un acte ; puis, l'enfant étant exposé, il était dressé un autre acte sur la déclaration de la personne qui l'avait trouvé. Ceci ne se présente plus, et le nombre des enfants naturels déclarés a diminué sensiblement.

« Il ne faut pas voir d'autres causes dans le chiffre extraordinaire d'enfants naturels au compte de la ville de Romans ; ce n'est pas local, et la commune ne fournit pas plus de filles-mères ; proportionnellement, que les autres communes du département, ce qui est évident par le domicile déclaré dans les actes de naissance. »

On sait que, depuis longtemps, le département des Landes se trouvait, par une exception singulière, au nombre des départements où l'on constatait le plus de naissances hors mariage. La *Statistique de la France* n'indique point la cause de ce fait, qu'elle attribuerait pourtant « à l'influence de la vie pastorale (1). » Plus heureux que le rédacteur du document officiel, nous en avons découvert la cause toute simple.

Frappé du nombre prodigieux des enfants illégitimes dans l'arrondissement de Saint-Sever, de 1854 à 1858 inclusi-

---

(1) 2ᵉ Série, t. XI, p. LVJ, LVIJ.

vement, et de sa diminution non moins prodigieuse à partir de 1859 (1), nous nous sommes adressé au parquet de Saint-Sever, dont voici la réponse :

« Une sage-femme de notre ville, très-habile et très-intelligente, avait organisé comme une entreprise d'exposition d'enfants. Sa réputation s'étendait jusque dans les départements limitrophes et éloignés. Aussi recevait-elle dans sa maison un nombre considérable de filles enceintes, dont elle exposait les enfants moyennant une prime élevée. Souvent ces enfants étaient inscrits deux fois sur les registres de l'état civil, d'abord sur la déclaration de la sage-femme immédiatement après la naissance, puis après l'exposition, lorsque la petite créature avait été recueillie dans quelque coin de rue. Les secrétaires de la mairie avaient, en effet, remarqué qu'une exposition suivait presque toujours de très-près une déclaration faite par la susdite sage-femme. En réalité, les naissances naturelles étaient donc moins nombreuses que ne semblait l'indiquer l'état civil, à raison des doubles inscriptions nécessitées par les circonstances. Facilité d'exposition qui attirait dans notre ville les pêche-

(1)

ANNÉES.	ENFANTS	
	Légitimes.	Illégitimes.
1854	100	120
1855	110	140
1856	113	132
1857	88	119
1858	110	118
1859	80	12
1860	92	9
1861	108	19
1862	106	10
1863	86	8
1864	90	4
1865	102	6

resses du voisinage et du lointain, inscriptions faisant double emploi, ainsi s'explique le nombre considérable des naissances naturelles constatées à Saint-Sever pendant une certaine période.

« Dans le courant de 1858, le ministère public s'émut d'un tel état de choses. Une surveillance active fut organisée ; on ouvrit une instruction qui fut suivie d'une poursuite en police correctionnelle. Acquittée en première instance, la sage-femme fut condamnée par la Cour au maximum de la peine. Dès ce moment, c'est-à-dire fin 1858, l'entreprise d'exposition cessait de fonctionner, et, en 1859, le chiffre des naissances naturelles tombait à un chiffre ordinaire. Voilà l'explication de la diminution considérable qui se produisit subitement d'une année à l'autre. »

Apprécierait-on d'une manière exacte la moralité de certaines villes, de Mulhouse, par exemple, si l'on s'en tenait aux données de la statistique sans avoir égard à la situation toute spéciale de cette localité qui se recrute incessamment de travailleurs étrangers, venus des pays d'outre-Rhin et de la Suisse? Beaucoup de ces ouvriers sont réduits à vivre en concubinage, parce qu'il ne leur est pas permis de se marier malgré le vif désir qu'ils en ont. « Ces unions extralégales, dit M. le docteur Penot (1), dont l'origine est moins honteuse ici qu'ailleurs, présentent, en général, autant de véritable attachement que celles qui sont sanctionnées par la loi et bénies par la religion. »

Les statistiques constatent, depuis quelques années, une augmentation sensible des reconnaissances d'enfants naturels par leur mère. Faut-il y voir un heureux symptôme

______

(1) *Recherches statistiques sur Mulhouse.*

et so hâter d'en tirer des conclusions consolantes pour la morale ? Hélas ! non, car c'est en vue d'obtenir un secours du département que les filles-mères sont amenées à cette déclaration de maternité.

Nous avons cru devoir faire ces diverses remarques pour montrer que nous avions eu grand soin de contrôler les chiffres qui servent de base à notre travail, et que nous avons cherché à en découvrir autant que possible la valeur en les rapprochant des circonstances qui étaient de nature à les expliquer.

C'est sous le bénéfice de ces observations préliminaires que nous abordons la partie statistique du mémoire. Elle est ainsi divisée :

I. — MARIAGES ;

II. — NAISSANCES HORS MARIAGE. — Rapport du nombre des enfants illégitimes à celui des enfants légitimes (Mort-nés compris) ;

III. — LÉGITIMATIONS PAR MARIAGES SUBSÉQUENTS ;

IV. — SÉPARATIONS DE CORPS ;

V. — DEMANDES D'ALIMENTS.

Nos recherches embrassent une période de vingt-sept années, de 1841 à 1867 inclusivement. Nous avons pris 1841 pour point de départ, parce que c'est seulement depuis cette année que les mort-nés légitimes ou illégitimes sont distingués dans les statistiques.

I

MARIAGES

« Moins il y a de gens mariés », a dit avec justesse Montesquieu (1), « moins il y a de fidélité dans les mariages :. comme, lorsqu'il y a plus de voleurs, il y a plus de vols. »

Les mariages, en France, sont-ils en voie d'accroissement ou de diminution ? C'est la première question qui se présente.

Il n'est pas douteux qu'autrefois le nombre des mariages, eu égard à la masse des habitants, était plus considérable qu'aujourd'hui. En 1784, on en comptait 1 sur 108 habitants, tandis que la proportion n'est actuellement que de 1 sur 125 environ. Il ne faudrait ni s'en étonner ni s'en attrister surtout, s'il est vrai que, comme l'a dit à l'Académie M. H. Passy (2), et comme nous le pensons, plus les populations s'éclairent et s'enrichissent, plus elles mettent de prudence dans leurs actes. D'ailleurs, il convient de ne pas perdre de vue que les mariages, actes réfléchis, subissent bien plus que les naissances et les décès l'empire des circonstances. L'influence de la situation économique est telle que les moindres changements se reflètent avec une extrême fidélité dans le nombre des mariages.

Toutes les fois qu'il y a disette, on voit les mariages

---

(1) *Esprit des lois,* livre XXIII, chap. xxi.
(2) Séance du 20 juin 1846.

projetés se rompre ou se différer. En 1847, année de cherté, le chiffre des mariages qui, l'année précédente, était de 268,307, descend à 219,625. En 1854, année de cherté également, le nombre des mariages ne dépasse pas 270,896. En 1853, il avait atteint 280,609.

Les recherches statistiques auxquelles se sont livrés, pour le département du Bas-Rhin, deux professeurs de la Faculté de médecine de Strasbourg, MM. Stœber et Tourdes (1), recherches qui embrassent une période de trente années, de 1828 à 1858, leur ont donné la preuve manifeste de l'influence des fluctuations de la prospérité publique sur le nombre des mariages. « Mesurant cette prospérité, » disent-ils, « par le prix du grain, on voit s'établir entre les deux faits un rapport qui ne s'est jamais démenti pendant cette période. Le minimum des mariages coïncide avec une des années où le blé a été le plus cher, précédée par une année d'une cherté plus grande encore. En 1854, le grain était à 31 fr. 57 c. l'hectolitre ; en 1855, à 28 fr. 16 c., et ces deux années présentent le nombre le plus faible des mariages. En prenant la moyenne de ces deux années, on obtient à la fois la cherté la plus grande et le minimum des mariages.

« L'année maximum pour les mariages ne coïncide pas avec le minimum du prix des grains, mais avec un prix relativement faible, 18 francs, précédé de plusieurs années d'abondance. Toutes les années dans lesquelles le chiffre des mariages a dépassé la moyenne sont des années où le prix du grain a été peu élevé. Le prix minimum de 14 francs l'hectolitre coïncide avec un nombre de 4,396 mariages, très-rapproché du maximum.

---

(1) *Topographie et histoire médicale de Strasbourg et du département du Bas-Rhin*, p. 174 et 175.

« Dans les cinq années où le prix des grains a été le plus faible, entre 14, 15 francs et 15 fr. 32 c., le nombre des mariages s'est élevé à 21,824, ce qui forme une moyenne annuelle de 4,365. — Dans les cinq années, au contraire, où la cherté a présenté son maximum, et où le prix du grain a été compris entre 27 fr. 36 c. et 32 fr. 46 c., les mariages ont été au nombre de 17,715, et la moyenne tombe au chiffre de 3,543. C'est une différence de 822 pour le nombre moyen des mariages entre les années d'abondance et les années de disette. »

Nous avons trouvé des constatations de la même nature dans diverses statistiques départementales. Il serait superflu d'insister sur ce point.

De 1851 à 1854 inclusivement, le nombre des mariages avait été en diminuant, et on s'alarmait déjà d'un état de choses qui ne s'est pas maintenu. En 1855, il y a eu une augmentation qui s'est continuée jusqu'en 1858 inclusivement. Les deux années suivantes ont vu s'abaisser le nombre des mariages. En 1861, une augmentation s'est produite, mais depuis il y a diminution, ainsi que le prouve le tableau statistique ci-après, indiquant, pour vingt-sept années, de 1841 à 1867 inclusivement, le nombre annuel des mariages et leur rapport à la population. Pour mieux faire ressortir ce dernier rapport, nous avons dressé un tableau graphique qu'on trouvera à la suite.

TABLEAU STATISTIQUE

TABLEAU STATISTIQUE

INDIQUANT, ANNÉE PAR ANNÉE, DE 1841 A 1867 INCLUSIVEMENT,

LE NOMBRE DES MARIAGES

ET LEUR RAPPORT A LA POPULATION.

ANNÉES.	POPULATION d'après les recensements.	NOMBRE de MARIAGES.	RAPPORT 1 MARIAGE sur
	Habitants.		Habitants.
1841................................	34,230,178	282,370	121.22
1842................................	»	280,584	121.99
1843................................	»	285,463	119.90
1844................................	»	279,782	122.11
1845................................	»	283,238	120.40
1846................................	35,400,486	268,307	131.94
1847................................	»	249,625	141.81
1848................................	»	293,552	120.59
1849................................	»	278,903	126.92
1850................................	»	297,700	118.91
1851................................	35,783,170	286,884	124.70
1852................................	»	281,460	127.13
1853................................	»	280,609	127.51
1854................................	»	270,896	132.09
1855................................	»	283,335	126.29
1856................................	36,139,364	284,401	127.07
1857................................	»	295,510	122.29
1858................................	»	307,050	117.69
1859................................	»	298,417	121.10
1860................................	»	288,096	125.07
1861................................	37,386,313	305,203	122.47
1862................................	»	303,514	123.18
1863................................	»	301,876	124.05
1864................................	»	290,579	125.32
1865................................	»	299,242	125.27
1866................................	38,067,064	303,634	125.36
1867................................	»	300,833	126.74
TOTAL................	....	7,789,909	

Moyenne des 27 années: 288.515 mariages (1 sur 124.77 habitants).

28 bis.

TABLEAU GRAPHIQUE INDIQUANT, ANNÉE PAR ANNÉE, DE 1841 A 1867 INCLUSIVEMENT,

LE RAPPORT DES MARIAGES A LA POPULATION

MOYENNE DES 27 ANNÉES : 1 mariage sur 124.77 habitants.

Les mariages, on l'a vu, semblent plutôt, depuis six ans, être en voie de diminution qu'en voie d'accroissement ; mais ce n'est pas leur multiplicité qu'il faut se borner à souhaiter ; c'est aussi et avant tout leur solidité. Eh bien ! sous ce rapport, la statistique n'est pas rassurante. Voici des chiffres qui parlent d'eux-mêmes :

AFFAIRES PORTÉES DEVANT LES TRIBUNAUX, DE 1841 À 1867.

Séparations de corps. 45,435
Poursuites en adultère 7,519
Désaveu de paternité. 1,012
Réintégration du domicile conjugal abandonné par
   la femme. 1,200

Il n'est pas jusqu'au fait de la diminution graduelle de la fécondité des mariages (1) qui ne nous paraisse significatif. Si cette diminution n'avait d'autre cause que le développement en France de l'esprit de prévoyance et de circonspection, ainsi que des économistes autorisés le pensent, nous serions des premiers à nous en applaudir ; mais le fait est-il bien certain ? « Rien n'est plus facile », disait M. Léonce de Lavergne, il y a quelques années (2), « que de confondre la corruption des mœurs avec la continence volontaire de Malthus, car les conséquences de l'une et de l'autre se ressemblent, mais la différence réelle est immense : la continence volontaire est une vertu, c'est la loi du devoir appliquée à la satisfaction de l'un des penchants les plus impérieux de l'homme ; l'abus des plaisirs et les honteux calculs de

---

(1) On compte pour 1 mariage : 3.73 naissances, de 1819 à 1832.
      —   3.28   —   de 1833 à 1846.
      —   3.10   —   de 1847 à 1860.
          (*Annuaire du bureau des Longitudes*, 1866, p. 205).

(2) *Compte rendu de l'Académie des sciences morales et politiques*, 3e série, t. XX, p. 190 et 191.

l'égoïsme sont des vices.... Entre la brutale insouciance du
prolétaire qui met au monde des misérables sans s'inquiéter
de leur avenir, et le non moins grossier sensualisme du
viveur qui s'abstient d'avoir des enfants pour s'affran-
chir de toute prévoyance, il y a un monde. Malheureusement, c'est cette dernière tendance qui domine. » L'étude
attentive que nous avons faite des divers éléments qui per-
mettent d'apprécier la moralité du pays nous porterait à
partager ces craintes. Nous désirons vivement être dans
l'erreur à cet égard.

Les 7,789,909 mariages contractés en France, de 1841 à
1867 inclusivement, se classent ainsi par état civil :

ANNÉES.	ENTRE			
	GARÇONS et FILLES.	GARÇONS et VEUVES.	VEUFS et FILLES.	VEUFS et VEUVES.
1841.	235,539	10,345	27,304	9,182
1842.	235,808	9,052	26,120	9,004
1843.	239,019	10,173	26,789	9,482
1844.	231,610	9,816	26,935	9,021
1845.	238,630	9,042	25,730	8,027
1846.	220,055	9,610	24,157	8,485
1847.	208,943	9,037	23,417	8,228
1848.	247,003	10,416	25,081	9,222
1849.	231,093	10,872	26,983	9,955
1850.	245,847	11,491	29,082	11,280
1851.	239,818	10,812	26,202	9,062
1852.	235,438	10,458	25,739	9,825
1853.	233,003	11,039	26,544	10,023
1854.	224,842	10,042	26,006	10,006
1855.	234.117	10,228	28,245	10,745
1856.	234,978	11,281	27,496	10,646
1857.	247,012	11,294	26,881	10,323
1858.	256,719	11,144	28,434	10,750
1859.	249,868	10,427	27,517	10,605

ANNÉES.	ENTRE			
	GARÇONS et FILLES.	GARÇONS et VEUVES.	VEUFS et FILLES.	VEUFS et VEUVES.
1860.	240,770	10,583	26,920	10,663
1861.	256,975	11,120	26,604	10,504
1862.	257,257	10,406	25,748	10,043
1863.	256,461	9,945	25,101	9,869
1864.	254,538	9,819	25,360	9,862
1865.	253,839	10,364	25,035	10,004
1866.	257,533	10,977	24,959	10.105
1867.	254,788	10,963	24,259	10,323
Total général.	6,531,403	282,346	709,047	267,113

Il résulte du tableau qui précède que, sur 100 mariages, on en compte :

83.84 entre garçons et filles ;
3.62 — garçons et veuves ;
9.10 — veufs et filles ;
3.44 — veufs et veuves.

La statistique prouve que l'homme se remarie plus souvent que la femme, et cependant il y a plus de femmes qui survivent à leur mari que de maris à leur femme. Cela tient à ce qu'il est plus difficile pour les veuves de retrouver un établissement convenable. Ce n'est qu'au-dessous de vingt ans qu'elles se remarient dans un rapport très-considérable.

Les secondes noces sont plus fréquentes dans les villes que dans les campagnes.

On désigne sous le nom de *mariages consanguins* les mariages contractés entre tantes et neveux, oncles et nièces, beaux-frères et belles-sœurs et entre cousins germains. En général, pour cent mariages de cette nature, on en compte un ou deux de la première catégorie, quatre de la seconde, dix-neuf à vingt de la troisième et soixante-quinze, c'est-à-dire les trois quarts, de la dernière.

Nous nous bornerons à donner ici, à titre de renseignements, les résultats de cinq années :

	NOMBRE ABSOLU.				
	1861.	**1862.**	**1863.**	**1864.**	**1865.**
Neveux et tantes. . . .	47	58	67	76	86
Oncles et nièces. . . .	141	156	158	222	172
Beaux-frères et belles-sœurs	827	752	837	960	966
Cousins germains. . . .	2,936	3,059	3,475	3,742	3,593
Total.	3,951	4,025	4,537	5,000	4,767
Proportion pour 100 mariages annuels. . . .	1.30	1.33	1.51	1.67	1.59

Une circulaire administrative a prescrit, en 1863, de tenir un compte spécial, non-seulement des mariages entre cousins germains, mais encore entre cousins issus de germains. — C'est ce qui explique l'accroissement signalé dans ces mariages à partir de la même année.

Par nature de population, et pour les cinq années réunies, ces rapports sont respectivement :

Seine. . . . . 1.51 ⎫
Villes. . . . . 1.35 ⎬ Moyenne. . . 1.48.
Campagnes. . . . . 1.52 ⎭

Il y aurait donc environ trois mariages *consanguins* sur deux cents (1).

---

(1) *Annuaire de l'Économie politique* pour 1869, p. 20 et 21.

Do vifs débats se sont engagés, on le sait, au sein des corps savants, sur les conséquences des mariages consanguins au point de vue de l'aptitude physique des enfants issus de ces mariages. N'ayant aucune compétence pour nous prononcer sur cette question, nous devons la réserver.

Les mariages *non précédés d'un contrat* sont les plus nombreux : leur proportion au total des mariages a varié, dans ces dernières années, de 61 à 59 p. 0/0. — Cette proportion diffère suivant les populations : elle est à son maximum (80 p. 0/0) dans le département de la Seine ; elle atteint 61 p. 0/0 dans les villes et 56 p. 0/0 dans les campagnes.

NAISSANCES HORS MARIAGE

RAPPORT DU NOMBRE DES ENFANTS ILLÉGITIMES A CELUI DES ENFANTS LÉGITIMES

(Mort-nés compris).

Le nombre des enfants nés hors mariage tend constamment à s'accroître. Nous en donnons ci-après le relevé annuel, pour toute la France, de 1841 à 1867 inclusivement. Le total de ces vingt-sept années, en comprenant les mort-nés, présente les résultats suivants :

25,200,503 enfants légitimes pour 2,077,135 illégitimes, soit en moyenne 1 enfant illégitime sur 12.10 légitimes. Or, cette moyenne se trouve dépassée depuis 1861 : elle est descendue, en 1867, à 1 enfant illégitime sur 11.66 légitimes.

Un tableau graphique indique les oscillations, parfois sensibles d'une année à l'autre, du rapport des enfants illégitimes aux enfants légitimes (mort-nés compris).

TABLEAU STATISTIQUE

TABLE…

INDIQUANT, ANNÉE PAR AN… 18…

LE NOMBRE …

Et leur RAPPORT aux EN… …ITI…

ANNÉES.	NAISSANCES		RAPPORT des naissances illégitimes aux naissances légitimes.	MORT-N…	…MORT…
	LÉGITIMES.	ILLÉGITIMES.	naiss. illégit. — naiss. légit.	LÉGITI…	…LÉGI…
1841	905,602	71,051	1 pour 12.74	26,8…	4…
1842	912,774	70,316	1 — 12.98	27,40…	4…
1843	908,932	69,464	1 — 13.08	28,14…	4…
1844	899,102	69,982	1 — 12.82	29,0…	4…
1845	913,896	68,731	1 — 13.29	29,6…	4…
1846	896,908	69,318	1 — 12.94	29,0…	4…
1847	837,628	64,233	1 — 13.04	28,2…	4…
1848	873,272	66,884	1 — 13.05	29,2…	4…
1849	915,680	70,268	1 — 13.02	32,1…	5…
1850	884,533	69,717	1 — 12.68	31,16…	5…
1851	901,487	69,784	1 — 12.91	31,1…	5…
1852	895,131	69,828	1 — 12.81	32,4…	6…
1853	868,635	68,332	1 — 12.71	34,0…	4…
1854	853,364	70,097	1 — 12.17	34,7…	4…
1855	838,147	64,189	1 — 13.05	33,5…	5…
1856	883,828	68,288	1 — 12.94	35,9…	4…
1857	869,819	70,890	1 — 12.26	36,4…	5…
1858	894,710	74,633	1 — 11.98	37,7…	5…
1859	937,487	80,400	1 — 11.66	40,18…	6…
1860	887,578	69,297	1 — 12.80	38,5…	6…
1861	928,381	76,697	1 — 12.10	38,9…	5…
1862	921,248	73,919	1 — 12.41	38,6…	6…
1863	936,311	76,483	1 — 12.24	39,15…	6…
1864	929,980	75,900	1 — 12.25	40,3…	6…
1865	928,749	77,004	1 — 12.05	40,47…	6…
1866	929,570	76,678	1 — 12.10	41,0…	6…
1867	930,770	76,745	1 — 12.12	40,0…	6…
TOTAL	24,274,512	1,928,537		925,0…	14…
MOYENNE DES 27 ANNÉES	894,940.81	71,056.51	1 — 12.70	34,2…	

… BLEAU … TATISTIQUE

… ANN… 1811 A 1867 INCLUSIVEMENT,

… BRE … FANTS ILLÉGITIMES

… ENFA… GITIMES (mort-nés compris).

MORT-NÉS LÉGITIMES	MORT-NÉS ILLÉGITIMES.	RAPPORT des mort-nés illégitimes aux mort-nés légitimes.	TOTAL DES ENFANTS (mort-nés compris)		RAPPORT des enfants illégitimes aux enfants légitimes (mort-nés compris).
			LÉGITIMES.	ILLÉGITIMES.	
		mort-né illégit. / mort-né légit.			illégit. / légit.
26,888	4,785	1 pour 5.61	932,490	75,836	1 pour 12.30
27,400	4,631	1 — 5.01	940,174	74,947	1 — 12.54
28,148	4,707	1 — 5.90	937,080	74,231	1 — 12.62
29,608	4,569	1 — 6.48	919,710	73,951	1 — 12.43
29,665	4,783	1 — 6.20	943,561	73,513	1 — 12.83
29,669	4,782	1 — 6.20	926,667	74,100	1 — 12.51
28,235	4,780	1 — 5.89	865,863	69,022	1 — 12.54
29,209	5,087	1 — 5.74	902,481	71,971	1 — 12.54
32,179	5,001	1 — 6.32	947,759	75,359	1 — 12.58
31,400	5,389	1 — 5.87	916,199	75,106	1 — 12.20
31,148	6,405	1 — 4.86	932,635	76,189	1 — 12.24
32,471	4,913	1 — 6.56	927,602	74,471	1 — 12.41
31,035	4,535	1 — 7.50	902,670	72,807	1 — 12.39
34,705	5,073	1 — 6.84	888,069	75,170	1 — 11.81
33,515	4,408	1 — 7.45	871,662	68,687	1 — 12.69
35,916	5,270	1 — 6.80	919,744	73,558	1 — 12.50
36,443	5,162	1 — 6.67	906,262	76,352	1 — 11.87
37,728	6,024	1 — 6.26	932,438	80,657	1 — 11.56
40,189	6,331	1 — 6.34	977,676	86,740	1 — 11.27
38,522	5,776	1 — 6.66	926,100	75,073	1 — 12.34
38,946	6,078	1 — 6.40	967,327	82,775	1 — 11.69
38,640	6,275	1 — 6.15	959,888	80,194	1 — 11.97
39,150	6,303	1 — 6.21	975,461	82,786	1 — 11.78
40,323	6,318	1 — 6.38	970,303	82,218	1 — 11.80
40,479	6,480	1 — 6.24	969,222	83,481	1 — 11.59
41,042	6,660	1 — 6.16	970,612	83,398	1 — 11.76
40,079	6,495	1 — 6.17	970,848	83,240	1 — 11.66
925,991	147,508		25,200,503	2,077,135	
34,258.?	5,425.81	1 — 6.23	966,277.47	76,819.77	1 — 12.10

TABLEAU GRAPHIQUE INDIQUANT POUR 27 ANNÉES, DE 1841 A 1867

Le rapport du nombre des **ENFANTS ILLÉGITIMES** avec celui des **ENFANTS LÉGITIMES** (y compris les mort-nés).

MOYENNE DES 27 ANNÉES : 1 illégitime pour 12.46 légitimes.

Il y avait intérêt à classer les départements d'après leur nombre plus ou moins considérable d'enfants illégitimes, comparé à celui des enfants légitimes ; c'est ce que nous avons fait, et tel est l'objet des deux tableaux et de la carte qui suivent immédiatement.

Pour dresser ces tableaux et établir cette carte, nous avons dû nous contenter de relever les chiffres de dix-sept années, de 1841, époque à laquelle, pour la première fois, on a distingué les mort-nés en légitimes ou naturels, à 1850 inclusivement, et de 1851 à 1860 inclusivement. La lacune de trois années (1851—1853) s'explique par l'absence de statistiques officielles, et si nous nous sommes arrêté à 1860, c'est que trois nouveaux départements ont été depuis incorporés à la France.

Le premier tableau donne, pour chacun des quatre-vingt-six départements, rangés par ordre alphabétique, le chiffre des enfans légitimes, celui des enfants illégitimes, et le rapport à tant p. 100 de ces derniers aux premiers.

Le deuxième tableau classe les départements d'après le rapport plus ou moins élevé des enfants illégitimes aux enfants légitimes, en distinguant ceux qui sont au-dessus ou au-dessous de la moyenne générale.

Enfin, une carte teintée de diverses nuances permet, par un simple coup d'œil, de juger de l'ensemble.

RELEVÉ PAR DÉPARTEMENT,

POUR UNE PÉRIODE DE 17 ANNÉES, DE 1841 A 1850 INCLUSIVEMENT,

ET DE 1851 A 1860 INCLUSIVEMENT,

DU NOMBRE DES ENFANTS LÉGITIMES COMPARÉ A CELUI DES ENFANTS ILLÉGITIMES

(Mort-nés compris).

DÉPARTEMENTS.	ENFANTS LÉGITIMES.	ENFANTS ILLÉGITIMES.	PROPORTION des ENFANTS ILLÉG. pour 100 enfants légitimes.
Ain.	160,979	8,033	4.99
Aisne.	234,163	19,685	8.42
Allier	160,048	9,705	6.43
Alpes (Basses-).	73,169	1,584	2.16
Alpes (Hautes-).	65,626	1,989	3.03
Ardèche	202,613	5,747	2.84
Ardennes.	133,463	7,302	5,49
Ariége.	117,180	6,858	5.85
Aube.	95,316	7,197	7.56
Aude.	126,204	5,928	4.71
Aveyron	188,636	8,620	4.57
Bouches-du-Rhône.	224,669	24,604	10.97
Calvados.	151,367	18,048	11.92
Cantal.	102,489	7,012	6.88
Charente.	141,312	8,515	6.03
Charente-Inférieure.	182,050	8,900	6.22
Cher	160,588	10,428	6.51
Corrèze.	158,443	8,187	5.18
Corse.	114,033	7,308	6.40
Côte-d'Or.	149,885	11,693	7.80
Côtes-du-Nord.	320,696	11,862	3.68
Creuse.	113,442	8,677	7.68
Dordogne.	224,243	11,528	5.14
Doubs	123,562	11,920	9.67

DÉPARTEMENTS.	ENFANTS LÉGITIMES.	ENFANTS ILLÉGITIMES.	PROPORTION des ENFANTS ILLÉG. pour 100 enfants légitimes.
Drôme	147,572	8,062	5.56
Eure	130,152	12,436	9.54
Eure-et-Loir	119,033	6,813	5.72
Finistère	345,054	13,940	4.03
Gard	220,492	9,369	4.26
Garonne (Haute-)	186,832	11,161	7.54
Gers	102,238	4,899	4.80
Gironde	223,013	30,642	10.90
Hérault	182,718	8,172	4.49
Ille-et-Vilaine	280,042	10,467	3.71
Indre	120,464	8,150	6.82
Indre-et-Loire	114,855	8,041	6.99
Isère	271,199	14,140	5.21
Jura	127,632	7,411	5.79
Landes	139,395	15,144	10.86
Loir-et-Cher	115,741	8,182	7.06
Loire	260,602	11,623	4.46
Loire (Haute-)	145,067	5,618	3.87
Loire-Inférieure	249,776	12,703	5.08
Loiret	160,516	11,964	3.37
Lot	120,206	4,780	3.90
Lot-et-Garonne	110,098	4,871	4.43
Lozère	70,858	2,021	4.13
Maine-et-Loire	195,257	11,673	6.00
Manche	218,411	14,864	6.83
Marne	157,160	14,609	9.30
Marne (Haute-)	101,609	5,681	5.57
Mayenne	153,793	8,976	5.87
Meurthe	182,414	17,157	9.40
Meuse	130,693	7,150	5.47
Morbihan	242,946	7,951	3.27
Moselle	206,797	13,487	6.52
Nièvre	161,473	8,520	5.30
Nord	606,532	58,694	9.69
Oise	157,409	11,518	7.32

DÉPARTEMENTS.	ENFANTS LÉGITIMES.	ENFANTS ILLÉGITIMES.	PROPORTION des ENFANTS ILLÉG. pour 100 enfants légitimes.
Orne	130,204	6,857	4.94
Pas-de-Calais	316,739	31,916	10.10
Puy-de-Dôme	250,700	9,027	3.59
Pyrénées (Basses-)	151,579	16,251	9.47
Pyrénées (Hautes-)	92,540	7,853	8.49
Pyrénées-Orientales	100,190	6,013	6.89
Rhin (Bas-)	302,168	31,749	10.49
Rhin (Haut-)	261,551	26,528	10.15
Rhône	254,979	40,687	15.95
Saône (Haute-)	142,991	11,511	8.10
Saône-et-Loire	272,207	16,896	6.08
Sarthe	169,735	13,266	7.87
Seine	616,593	237,392	38.56
Seine-Inférieure	344,120	46,659	13.54
Seine-et-Marne	147,052	7,464	5.08
Seine-et-Oise	189,468	13,713	7.25
Sèvres (Deux-)	131,269	7,582	5.79
Somme	230,799	21,555	9.31
Tarn	155,756	5,424	1.55
Tarn-et-Garonne	86,748	3,785	4.36
Var	149,220	7,457	5.01
Vaucluse	135,805	7,137	5.24
Vendée	181,360	5,511	3.05
Vienne	133,863	7,168	5.39
Vienne (Haute-)	161,901	10,663	6.54
Vosges	176,945	16,071	9.00
Yonne	149,462	7,809	5.24

CLASSEMENT DES DÉPARTEMENTS

D'APRÈS LE RELEVÉ COMPARATIF

pour 17 années

DE 1811 A 1850 INCLUSIVEMENT, ET DE 1851 A 1860 INCLUSIVEMENT

DES ENFANTS ILLÉGITIMES ET DES ENFANTS LÉGITIMES (Mort-nés compris).

Moyenne générale : 8.14 enfants illégitimes pour 100 enfants légitimes (Mort-nés compris).

	21 DÉPARTEMENTS au-dessus DE LA MOYENNE	
NUMÉROS	DÉPARTEMENTS	ENFANTS illégitimes pour 100 enfants légitimes.
1	Seine.	38.56
2	Rhône	19.05
3	Seine-Inférieure.	13.54
4	Calvados	11.02
5	Bouches-du-Rhône	10.97
6	Gironde.	10.90
7	Landes	10.98
8	Bas-Rhin	10.49
9	Haut-Rhin	10.15
10	Pas-de-Calais	10.10
11	Nord	9.69
12	Doubs	9.67
13	Eure	9.54
14	Basses-Pyrénées	9.47
15	Meurthe	9.40
16	Loiret	9.37
17	Somme	9.31
18	Marne	9.30
19	Vosges	9.09
20	Hautes-Pyrénées	8.49
21	Aisne	8.42

NUMÉROS	DÉPARTEMENTS	ENFANTS illégitimes pour 100 enfants légitimes.
	65 DÉPARTEMENTS au-dessous DE LA MOYENNE	
1	Tarn	1.55
2	Basses-Alpes	2.46
3	Ardèche	2.84
4	Hautes-Alpes	3.03
5	Vendée	3.05
6	Morbihan	3.27
7	Puy-de-Dôme	3.59
8	Côtes-du-Nord	3.68
9	Ille-et-Vilaine	3.71
10	Haute-Loire	3.87
11	Lot	3.99
12	Finistère	4.03
13	Lozère	4.13
14	Gard	4.26
15	Tarn-et-Garonne	4.36
16	Lot-et-Garonne	4.43
17	Loire	4.46
18	Hérault	4.49
19	Aveyron	4.57
20	Aude	4.71
21	Gers	4.80
22	Orne	4.94
23	Ain	4.99
24	Var	5.01
25	Loire-Inférieure	5.08
26	Seine-et-Marne	
27	Dordogne	5.11
28	Corrèze	5.18
29	Isère	5.21
30	Vaucluse	5.24
31	Yonne	
32	Nièvre	5.30
33	Vienne	5.36
34	Meuse	5.47
35	Ardennes	5.49

65 DÉPARTEMENTS au-dessous DE LA MOYENNE (suite).

NUMÉROS	DÉPARTEMENTS	ENFANTS illégitimes pour 100 enfants légitimes.
36	Drôme	5.53
37	Haute-Marne	5.57
38	Eure-et-Loir	5.72
39	Jura	5.79
40	Deux-Sèvres	
41	Ariége	5.85
42	Mayenne	5.87
43	Maine-et-Loire	6. »
44	Charente	6.03
45	Saône-et-Loire	6.08
46	Allier	6.12
47	Charente-Inférieure	6.22
48	Indre	6.32
49	Corse	6.40
50	Cher	6.51
51	Moselle	6.52
52	Haute-Vienne	6.54
53	Manche	6.83
54	Cantal	6.88
55	Pyrénées-Orientales	6.89
56	Indre-et-Loire	6.99
57	Loir-et-Cher	7.06
58	Seine-et-Oise	7.25
59	Oise	7.32
60	Haute-Garonne	7.54
61	Aube	7.56
62	Creuse	7.68
63	Côte-d'Or	7.80
64	Sarthe	7.87
65	Haute-Saône	8.10

DÉPARTEMENTS
classés d'après la proportion (tant %
des ENFANTS ILLÉGITIMES
aux ENFANTS LÉGITIMES (mort-nés
compris) pour une période de 17 années), de 18
à 1850 inclusivement,
et de 1854 à 1860 inclusivement.
MANCHE
NORD
SOMME
AISNE
ARDENNES
OISE
MOSELLE
MANCHE
EURE
MARNE
MEUSE
MEURTHE
CÔTES DU NORD
ORNE
SEINE ET MARNE
VOSGES
ILLE ET VILAINE
MAYENNE
EURE ET LOIR
SEINE ET OISE
AUBE
MORBIHAN
SARTHE
LOIRET
H'te MARNE
H'te SAÔNE
LOIR ET CHER
YONNE
CÔTE D'OR
DOUBS
LOIRE INF'RE
MAINE ET LOIRE
INDRE ET LOIRE
CHER
NIÈVRE
JURA
VENDÉE
DEUX SÈVRES
VIENNE
INDRE
SAÔNE ET LOIRE
ALLIER
AIN
H'te SAVOIE
CHARENTE INF'RE
CHARENTE
H'te VIENNE
CREUSE
PUY DE DÔME
LOIRE
ISÈRE
SAVOIE
CORRÈZE
DORDOGNE
CANTAL
H'te LOIRE
HAUTES ALPES
LOT
ARDÈCHE
DRÔME
LOT ET GARONNE
AVEYRON
LOZÈRE
GERS
TARN ET GARONNE
TARN
HÉRAULT
GARD
VAUCLUSE
B'ses ALPES
ALPES MARITIMES
VAR
B'ses PYRÉNÉES
H'tes PYRÉNÉES
H'te GARONNE
AUDE
ARIÈGE
PYRÉNÉES OR'les
MANCHE
OCÉAN
MÉDITERRANÉE
Moyenne 8,14 %
65 Départements au dessous de la moyenne
21 au dessus
Au dessous de 5 %
de 5 à 8.14 %
de 8.14 à 10 %
Au dessus de 10 %

III

LÉGITIMATIONS

PAR MARIAGES SUBSÉQUENTS

L'intérêt des mœurs a fait admettre la légitimation des enfants naturels (autres que ceux qui sont le triste fruit de l'adultère ou de l'inceste) (1), par le mariage subséquent de leurs père et mère. L'ordre public, le devoir du père, l'intérêt de la mère, la faveur due à l'enfant, tout semble justifier cette disposition que certains législateurs n'ont cependant point voulu adopter, sous prétexte qu'elle favoriserait le concubinage (2), comme si la société n'était pas, au contraire, intéressée à pouvoir offrir à l'homme et à la femme qui vivent dans le désordre un moyen d'éviter l'un et l'autre de ces deux écueils : celui de se séparer par dégoût, ou celui de continuer un commerce illicite.

À Paris et dans les grands centres industriels, le concubinage a toujours constitué pour une masse d'individus une sorte d'état régulier, sans procéder, dans tous les cas, de volontés corrompues. Quelquefois, il s'explique par les empêchements qu'une législation étrangère oppose au mariage

____

(1) Code civil, art. 531-533.

(2) En Angleterre, les enfants nés antérieurement au mariage ne sont pas légitimés par un mariage subséquent : ils sont toujours réputés, aux yeux de la loi, fils *nullius*. (M. CH. DE FRANQUEVILLE, *Les institutions politiques, judiciaires et administratives de l'Angleterre*, p. 318 et 319.)

quo les deux parties désireraient également contracter.
C'est ce qui arrive notamment à Mulhouse pour certains
ouvriers étrangers qui, d'après la loi de leur pays, ne peuvent
valablement se marier qu'autant que la femme a justifié,
au préalable, de l'acquisition du droit de bourgeoisie pour
elle et ses futurs enfants, au lieu du domicile de son
mari (1). Le plus souvent, c'est la difficulté de se procurer
les pièces indispensables et de pourvoir aux frais des publications et de la cérémonie à l'église qui amène un homme
et une femme à vivre ensemble dans une situation irrégulière, funeste pour tous deux, plus funeste encore pour leurs
enfants.

Cet état de choses ne pouvait échapper à la clairvoyance
de l'esprit de charité, si ingénieux dans ses combinaisons
pour soulager toutes les misères et en combattre les causes.
Une société s'est fondée à Paris, en 1826, sous le titre de :
Société charitable de Saint-François-Régis, pour faciliter le
mariage civil et religieux des pauvres du département de
la Seine et la légitimation de leurs enfants. Cette œuvre
répondait si bien à une nécessité sociale, qu'un grand
nombre de villes se sont empressées de l'adopter.

Il nous a paru intéressant de nous rendre compte des
résultats obtenus par la Société de Saint-François-Régis,
et, dans ce but, nous avons sollicité, de divers côtés, des
renseignements qui nous ont été transmis avec beaucoup de
bon vouloir.

La société-mère de *Paris* a réussi à faire célébrer
45,800 mariages, de 1826 au 1er janvier 1869. Elle a procuré
le bienfait de la légitimation à 28,645 enfants.

Ce qui prouve, comme nous l'avons dit plus haut, que le

____

(1) M. le docteur Penot a fait connaître avec détails ces difficultés dans
ses *Recherches statistiques sur Mulhouse. (Bulletin de la Société Industrielle de Mulhouse,* nos 78 et 79, avril 1843.)

concubinage ne procède pas toujours de volontés corrompues, c'est que bon nombre d'unions irrégulières, devenues légitimes, grâce à la Société de Saint-François-Régis, duraient depuis longues années. Ainsi, parmi les couples dont elle a régularisé la situation en 1868, quatre comptaient 30 ans de vie commune; six de 20 à 30 ans; dix-neuf de 15 à 20 ans; trente-six de 10 à 15 ans; cent deux de 5 à 10 ans.

La société de *Lyon*, dont l'action s'étend à tout le département du Rhône, a fait procéder, de 1837 au 18 janvier 1866, à 12,292 mariages; 4,545 enfants ont été légitimés.

Fondée, le 20 mars 1838, la société de *Versailles* avait, au 1er janvier 1866, fait célébrer 1,427 mariages et légitimer 835 enfants.

5,312 mariages, 3,354 légitimations : tel était, à la même époque, le bilan de la société fondée à *Nancy*, en janvier 1838, pour les trois départements de la Meurthe, de la Meuse et des Vosges.

L'œuvre de Saint-François-Régis, à *Marseille*, date aussi de 1838. En vingt-huit ans, elle est parvenue à faire célébrer 9,844 mariages qui ont légitimé 4,144 enfants. Elle a donc été utile à 23,832 personnes.

Au point de vue de la nationalité, ces 9,844 mariages se divisent ainsi :

Entre Français et Françaises.	6,004
— Français et Italiennes.	519
— Italiens et Françaises.	1,162
— Italiens et Italiennes.	1,324
— Français et personnes de diverses nations.	468
— Personnes de diverses nations.	367

Créée au mois de novembre 1838, la société de *Metz* avait opéré, au 16 juin 1866, date de la clôture de sa vingt-huitième année d'existence, 1,999 mariages ; 776 enfants avaient ainsi été légitimés. « La société », nous a écrit le président, « se refuse à prêter son adhésion et son concours à la légitimation d'enfants qu'elle reconnaît ne pas appartenir à celui qui veut épouser la mère. » 330 mariages et 161 légitimations appartenaient à des localités autres que Metz.

La société de *Lille* fonctionne depuis le commencement de 1840. Au 1er janvier 1866, le nombre des mariages célébrés par son entremise s'élevait à 11,941, et celui des enfants légitimés à 2,762.

Parmi les clients de la société de Saint-François-Régis, de Lille, on compte beaucoup de Belges. En Belgique, il arrive, en effet, que des enfants des deux sexes, entraînés par des idées d'indépendance, quittent leurs parents malgré leur défense pour venir s'établir dans l'arrondissement de Lille, où ils sont presque toujours certains de trouver de l'ouvrage. Bientôt ils ont abusé de leur liberté, et ils viennent demander à la société de Saint-François-Régis de les aider à régulariser leur position en intervenant officieusement auprès de leurs parents qui, justement irrités, refusent souvent leur consentement. C'est là une cause particulière d'insuccès pour la société, qui se trouve dans une situation délicate, étant également disposée à réparer le désordre des mœurs, et à faire respecter l'autorité paternelle. Elle ne perd pas de vue ces principes, et, alors même qu'il faut renoncer à un mariage, elle sait faire entendre quelques bons conseils qui portent leurs fruits.

Fondée en 1840, la société de *Toulouse* avait, au 1er janvier 1866, fait célébrer 2,800 mariages, et légitimer 1,000 enfants environ. Le nombre des enfants auxquels la société a été utile est bien plus grand, si l'on considère que beaucoup de mères déjà enceintes ont eu des enfants légitimes, grâce à l'activité déployée pour hâter leur mariage.

La création de la société de *Saint-Quentin* remonte à l'année 1841. Depuis cette époque jusqu'au 1er janvier 1866, elle a donné ses soins avec succès à 1,465 mariages ; 815 enfants ont été légitimés.

Dans un grand nombre de villes, l'œuvre de Saint-François-Régis n'existe pas d'une manière spéciale, mais elle forme un accessoire à la conférence de Saint-Vincent-de-Paul. Ainsi, la conférence de *Nevers* a fait procéder, de 1855 au 27 août 1866, à 298 mariages dans cette ville, et 172 enfants ont été légitimés. Elle a, en outre, servi d'intermédiaire à un grand nombre de sociétés pour la recherche et l'envoi des pièces nécessaires.

L'action des sociétés de Saint-François-Régis était, à l'origine, surtout réparatrice. Depuis quelques années, elle tend à devenir beaucoup plus préventive. La loi du 10 décembre 1850 qui accorde aux indigents, c'est-à-dire à ceux qui ne sont pas imposés ou qui payent moins de dix francs de contributions, la remise des droits de timbre et d'enregistrement, a été d'un précieux secours pour ces utiles associations.

La plupart des sociétés de Saint-François-Régis n'ont d'autres ressources que les cotisations de leurs membres et le produit de quêtes. Quelques-unes cependant, comme celles de Lyon et de Lille, reçoivent une allocation du département et de la ville. Pourquoi ce subside n'est-il pas général ? « Une association », dirons-nous avec M. Audiganne (1), « qui agit aussi largement sur la constitution

____

(1) *Les Ouvriers du nord de la France* (*Revue des Deux-Mondes*, 1851, 3e trimestre, p. 903).

de la famille parmi les classes ouvrières n'appartient plus seulement au domaine de la charité chrétienne; elle devient une institution sociale. »

Dans ces dernières années, il s'est formé à *Mulhouse*, à côté de la société de Saint-François-Régis, une autre société ayant le même but, et composée d'hommes dévoués qui aident par leurs conseils, par leur argent, par leur activité, les ouvriers désireux de se marier.

Le bien qu'a produit l'association dont nous venons de faire connaître, par quelques chiffres, les services signalés doit faire souhaiter vivement qu'il s'en établisse d'analogues dans les localités un peu importantes qui en sont encore dépourvues.

Nous donnons ci-après le relevé, pour douze années, de 1856 à 1867 inclusivement, des légitimations opérées par mariages subséquents :

ANNÉES.	MARIAGES RÉPARATEURS.	ENFANTS LÉGITIMÉS.
1856.	10,645	13,187
1857.	10,607	12,946
1858.	11,663	14,113
1859.	11,483	14,048
1860.	11,731	14,430
1861.	13,120	16,149
1862.	12,604	15,661
1863.	13,708	16,888
1864.	13,900	16,505
1865.	13,549	16,604
1866.	14,330	18,290
1867.	14,762	18,663
TOTAL.	151,610	187,555

Il nous a paru utilo do rechercher, en distinguant lo département de la Soine des autres agglomérations urbaines et des populations rurales, quello était la proportion des mariages réparateurs et des enfants ainsi légitimés, pour ces trois catégories do population.

Voici à cet égard les résultats do cinq annéos (1856 à 1860 inclusivement.)

TABLEAU.

	DÉPARTEMENT DE LA SEINE				
	1856.	1857.	1858.	1859.	1860
Nombre total des mariages............	17,802	18,155	17,907	17,489	17,4..
Mariages réparateurs..............	1,609	1,740	1,805	2,024	1,9..
Enfants légitimés................	2,423	2,324	2,525	2,755	2,0..
Proportion des mariages réparateurs sur 10,000 mariages	1,009	963	1,043	1,157	1,1..

Les mariáges réparateurs sont plus nombreux à Paris
que dans les villes, et surtout que dans les communes rurales. La proportion de ces mariagés à l'ensemble des
mariages de l'année est de 1 sur 23 pour la France entière; de 1 sur 9 pour le département de la Seine, et de
1 sur 16 et 1 sur 35 pour les deux autres catégories de la
population.

POPULATION URBAINE					POPULATION RURALE				
1856.	1857.	1858.	1859.	1860.	1856.	1857.	1858.	1859.	1860.
67,956	70,153	70,218	67,182	67,514	198,583	207,202	218,931	213,746	203,963
3 779	3,662	4,123	3,916	3,791	5,063	5,216	5,675	5,543	6,000
4,767	4,517	5,022	4,854	4,963	5,997	6,105	6,566	6,439	6,863
556	522	587	583	562	255	251	250	250	205

La proportion des enfants légitimés par ces mariages est
également plus forte dans le département de la Seine que
dans la population urbaine, et dans celle-ci que dans la
population rurale. 100 de ces mariages donnent lieu,
dans la Seine, à 135 légitimations environ, à 125 dans les
villes, et seulement à 116 dans le reste du pays. Sous ce
rapport, il paraît que chaque année voit se produire des
résultats à peu près identiques.

IV

SÉPARATIONS DE CORPS

Les renseignements que nous avons recueillis aux sources officielles sur les séparations de corps, leurs causes, la durée du mariage des époux demandeurs, ne sont rien moins que consolants. Ils témoignent de l'inconcevable légèreté avec laquelle on se marie. Quand on se remet au hasard du soin de choisir l'être qui partagera notre destinée; quand on ne se marie que parce qu'on est usé, blasé, et, comme on le dit cyniquement, « pour faire une fin », ou bien encore parce qu'il faut payer la charge, le fonds qu'on a en vue, ce serait miracle si de telles unions n'étaient pas troublées et souillées, si elles n'aboutissaient point tôt ou tard à une séparation.

L'accroissement continuel des séparations de corps, surtout depuis une quinzaine d'années, est un symptôme significatif. La loi du 22 janvier 1851 sur l'assistance judiciaire, a eu, sans contredit, une large part dans cette augmentation pendant les premières années qui ont suivi sa promulgation, mais elle ne saurait expliquer à elle seule l'augmentation qui n'a cessé de se produire annuellement de de 1856 à 1867 (1).

---

(1) Cette observation se trouve dans le rapport placé en tête du *Compte rendu de la justice civile et commerciale* pour l'année 1855.

Pour donner une idée frappante de cette marche ascen-
dante, nous avons dressé le tableau graphique ci-après, qui
fait connaître le nombre des demandes en séparation de
corps portées annuellement devant les tribunaux, de 1841
à 1867 inclusivement, c'est-à-dire pendant vingt-quatre ans.
Nous n'avons relevé que les demandes introduites après une
vaine tentative de réconciliation par le président du tribunal.
Elles s'élèvent à 45,435. Ce nombre, déjà si considérable,
l'eût été bien plus, hélas! si nous avions tenu compte
de toutes les demandes, même de celles qui, par suite du
rapprochement des époux ou de leur consentement mutuel,
n'ont pas été portées devant les tribunaux. En effet, pour
vingt et une années seulement, de 1847 à 1867 inclusivement, il a été formé 63,423 demandes en séparation de
corps, dont un certain nombre, 10,762, ont été abandonnées sur les conseils et grâce à l'intervention du président
du tribunal.

La moyenne des demandes introduites devant les tribunaux, de 1841 à 1867 inclusivement, est, pour les vingt-sept
années, de 1,678.66. Cette moyenne a été dépassée dès 1857.
Le nombre de ces demandes s'est élevé à 2,819 pendant
l'année 1867. En 1857, il n'avait été que de 1,727.

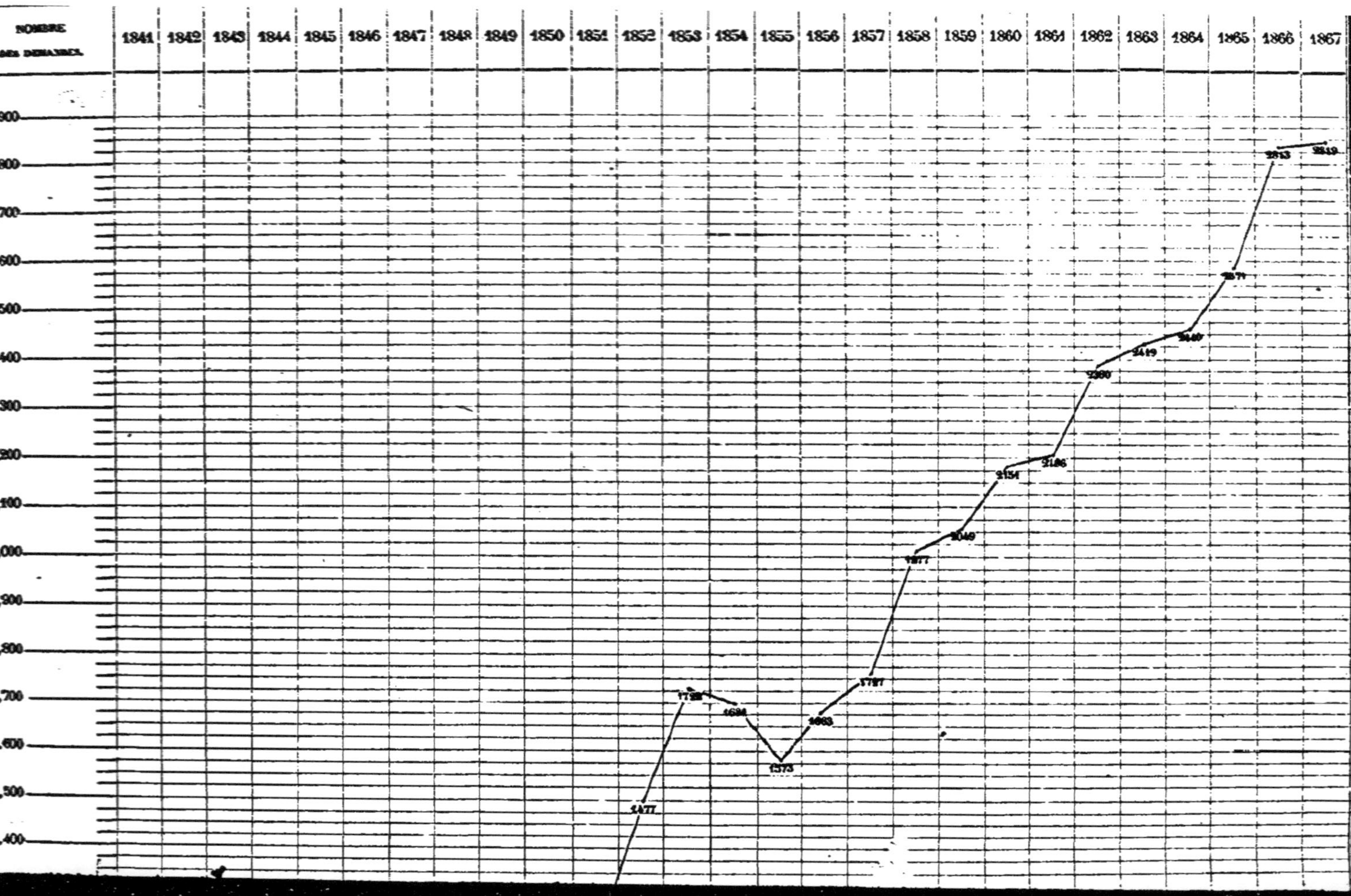

NOMBRE DES DÉTENUS
1841 1842 1843 1844 1845 1846 1847 1848 1849 1850 1851 1852 1853 1854 1855 1856 1857 1858 1859 1860 1861 1862 1863 1864 1865 1866 1867
2,900
2,800
2,700
2,600
2,500
2,400
2,300
2,200
2,100
2,000
1,900
1,800
1,700
1,600
1,500
1,400

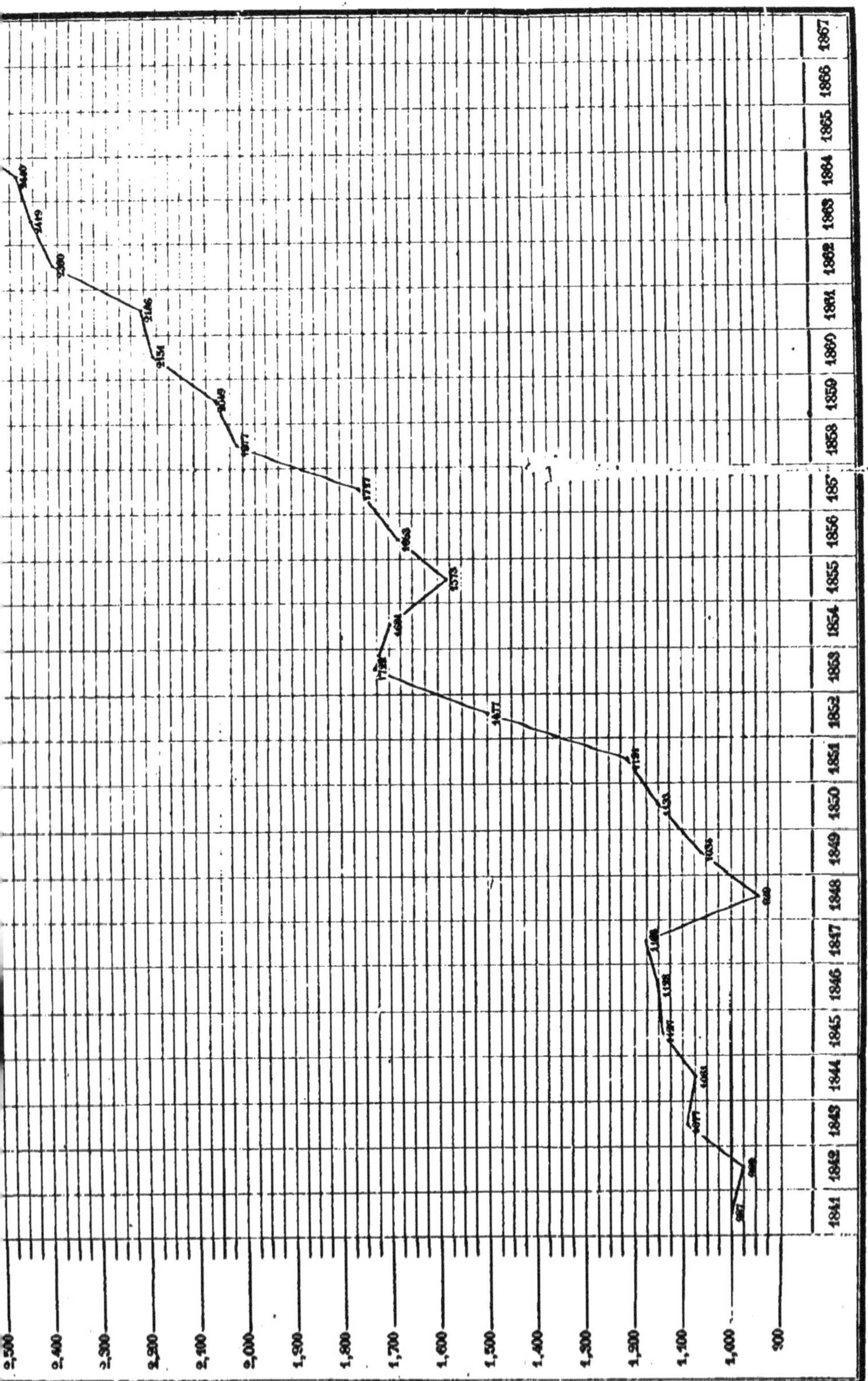

Le tableau qui suit donne les renseignements les plus détaillés sur les demandes en séparation de corps portées devant les tribunaux, de 1841 à 1867 inclusivement, sur les motifs de ces demandes, leurs résultats, la profession des époux, leur situation de famille, la durée de leur mariage : nous les avons puisés dans les comptes rendus de la justice civile d'où nous les avons extraits avec le plus grand soin.

En voici le résumé :

45,435 demandes, dont :

> 4,177 formées par les *maris* (9.19 p. 0/0).
> 41,258 formées par les *femmes* (90.81 p. 0/0).

Sur les 2,186 demandes *reconventionnelles* formées pendant la même période, on en compte :

1,749 formées par les *maris* (80.01 p. 0/0).
437 formées par les *femmes* (19.99 p. 0/0).

Les demandes étaient ainsi *motivées* :

42,706 pour sévices, excès, injures graves ;
2,652 pour adultère de la femme ;
2,155 pour adultère du mari ;
801 pour condamnation du conjoint à une peine infamante.

Il était né des enfants de 27,013 unions ; 17,101 avaient été stériles. On n'a pas d'indication sur ce point pour 1,321 mariages. — Tous les ans, les demandes sont proportionnellement beaucoup plus nombreuses parmi les époux sans enfants.

Sous le rapport de la *profession*, les époux demandeurs en séparation se classent ainsi :

10,761 propriétaires, rentiers ou exerçant une profession libérale (23.77 du nombre total) ;

9,605 commerçants, marchands (21.18) ;

6,976 cultivateurs (15.35) ;

15,368 ouvriers de tout genre (33.71) ;

Pour 2,725, la profession n'a pas été constatée (5.99).

Il y a lieu de remarquer ici que le nombre proportionnel des époux demandeurs appartenant à la classe ouvrière a naturellement augmenté depuis la loi du 22 janvier 1851 sur l'assistance judiciaire.

Les mariages avaient duré :

707 moins de un an ;

10,034 de un à cinq ans ;

11,239 de cinq à dix ans ;

14,524 de dix à vingt ans ;

7,660 de plus de vingt ans, et, sur ce nombre de 7,660, il a été établi que :

5,152 avaient une durée de vingt à trente ans ;

1,625   —   de trente à quarante ans ;

274   —   de quarante à cinquante ans ;

22   —   de cinquante à soixante ans.

On voit par ces chiffres que ce n'est pas pendant les premières années du mariage que la séparation de corps est le plus habituellement demandée.

Sur les 45,435 demandes introduites devant la justice dans l'espace de vingt-sept années, il y en a eu :

33,909 *accueillies ;*

4,661 *rejetées ;*

6,865 rayées du rôle par suite de décès, de réconciliation, et aussi, avant la loi du 22 janvier 1851, faute de ressources pour faire face aux frais de la procédure.

C'est en cette matière que les demandes d'assistance judiciaire sont le plus nombreuses. Les affaires de séparation de corps forment les deux tiers de ces demandes.

| DEMANDES FORMÉES (1) | | DEMANDES FORMÉES PAR DES ÉPOUX | | | MOTIFS DE LA DEMANDE. | | | | RÉSULTATS DE LA DEMANDE. | | |
par le mari.	par la femme.	ayant des enfants.	sans enfants.	Position de famille inconnue.	Excès, sévices, injures graves.	ADULTÈRE de la femme.	du mari.	Condamnation à une peine infamante.	Accueillie.	Rejetée.	Retirée avant jugement ou rayée du rôle (2)
50	928	513	350	124	888	40	58	28	603	108	186
45	917	544	383	35	810	30	80	20	681	94	181
80	897	573	466	38	903	49	55	20	808	98	171
80	981	633	360	08	954	62	64	28	794	111	156
85	1,042	628	405	94	1,032	60	62	21	817	101	209
80	1,048	621	350	115	1,040	61	62	22	813	147	168
04	1,074	640	395	137	1,074	71	51	31	834	118	210
96	881	518	318	103	875	41	41	13	55	97	187
70	953	581	313	107	953	56	48	28	755	93	80
68	1,065	650	466	11	1,049	43	50	26	834	117	182
91	1,100	663	415	33	1,053	57	54	27	804	137	190
101	1,373	875	558	41	1,327	76	57	17	1,105	134	238
160	1,562	1,007	645	30	1,517	81	93	33	1,260	172	290
171	1,510	1,042	623	10	1,410	116	109	40	1,212	174	205
143	1,430	933	561	70	1,387	112	113	38	1,165	150	252
182	1,481	930	595	129	1,542	100	87	35	1,212	170	251
168	1,559	082	730	13	1,522	149	100	35	1,252	200	278
200	1,777	1,115	801	31	1,829	124	99	28	1,493	212	272
193	1,856	1,276	732	21	1,859	137	101	29	1,588	184	277
179	1,972	1,290	856	5	1,998	132	100	30	1,621	223	301
220	1,966	1,362	799	25	2,012	144	134	28	1,652	238	296
247	2,113	1,451	893	13	2,100	167	98	20	1,781	239	337
258	2,101	1,444	006	9	2,283	157	78	36	1,853	251	312
280	2,100	1,517	921	1	2,253	170	115	30	1,832	272	316
207	2,274	1,622	042	7	2,139	155	77	28	1,939	286	316
284	2,520	1,731	1,079	3	2,658	120	104	28	2,153	275	385
275	2,341	1,822	990	1	2,720	119	68	37	2,181	251	381
4,177	41,258	27,013	17,101	1,321	42,700	2,652	2,455	801	33,909	4,661	6,865
45,435		45,435							45,435		
154.66	1,523.02	1,000.11	629.02	48.51	1,577.58	97.81	70.40	29.62	1,256.22	172.25	253.88

— (1) Il ne s'agit que des demandes *principales*. — Pendant le même espace de temps, les demandes *reconventionnelle[s]*
[...]e par suite du décès de l'un des époux; la plupart à la suite de réconciliation.
[...] mariages indiqués dans cette colonne comme ayant une durée de plus de 20 ans, il a été constaté que 5,152 unions av[aient]

nandes **EN SÉPARATION DE CORPS** portées devant les tribunaux,
ion des époux et la durée des mariages.

	PROFESSION DES ÉPOUX DEMANDEURS EN SÉPARATION.					DURÉE DES MARIAGES.					
tirée vant ement rayée ole (2).	Propriétaires, rentiers, professions libérales.	Commerçants, marchands.	Cultivateurs.	Ouvriers de tout genre.	Profession inconnue.	Moins de 1 an.	De 1 à 5 ans.	De 5 à 10 ans.	De 10 à 20 ans.	De plus de 20 ans. (3)	Durée inconnue.
180	313	210	178	213	73	17	192	200	282	175	121
181	313	218	167	186	79	13	180	228	273	191	74
171	301	213	168	266	126	10	203	235	328	218	83
156	378	332	125	164	62	15	227	219	333	190	77
209	313	211	205	253	113	16	222	247	340	237	89
168	320	217	204	281	106	13	223	285	327	223	85
210	381	227	217	265	78	21	206	276	351	231	80
187	293	157	201	218	70	16	192	210	291	178	52
80	300	200	174	275	76	36	236	266	291	152	53
182	329	170	201	256	177	36	236	304	310	192	19
190	404	229	197	293	68	22	259	292	401	195	22
238	464	235	213	419	86	18	267	402	490	272	28
290	530	417	267	466	12	26	433	411	542	254	23
265	438	373	270	579	13	41	393	411	521	269	40
252	389	350	250	561	23	14	390	343	473	300	53
251	382	332	268	603	78	22	368	396	511	300	66
275	361	309	263	639	152	17	374	406	573	302	55
272	429	404	313	765	66	26	481	469	614	336	48
277	429	381	317	811	78	31	505	517	615	346	35
301	450	429	201	859	119	27	559	511	723	305	26
206	492	426	303	884	71	41	512	554	688	328	30
337	458	415	326	1,072	77	21	592	575	767	374	31
312	487	615	327	849	111	33	510	619	850	370	23
310	387	606	350	890	207	93	531	669	743	367	38
316	430	606	354	984	197	31	633	649	816	410	41
385	409	610	374	1,101	220	23	536	740	992	427	29
384	517	601	402	1,153	116	20	473	773	1,029	515	10
,865	10,701	9,005	6,076	15,368	9,725	707	10,034	11,239	14,524	7,660	1,271
	45,435					45,435					
283,88	304,44	353,33	257,95	565,07	100,02	26,11	371,25	412,55	534,18	283,33	46,66

nnelles se sont élevées au chiffre de 2,180, dont 1,740 formées par des maris, et 437 par des femmes.

ions avaient une durée de 20 à 30 ans; — 1,625 de 30 à 40 ans; — 274 de 40 à 50 ans; — 22 de 50 à 60 ans.

4*

Les demandes en séparation de corps sont, en général, bien plus fréquentes dans les départements du Nord que dans ceux du Midi : or, comme les neuf dixièmes des demandes de ce genre sont formées par les femmes, et qu'elles sont motivées, la plupart, sur des sévices, excès, etc., nous croyons que cette différence provient de ce que l'ivrognerie ou l'habitude des boissons fortes, d'où dérivent la violence, la brutalité, sont beaucoup plus communes dans le Nord que dans le Midi.

Les dix départements qui comptent *le plus* de demandes en séparation de corps sont les suivants :

Seine.	Gironde.
Seine-Inférieure.	Nord.
Calvados.	Seine-et-Oise.
Rhône.	Meuse.
Eure.	Marne.

Les dix départements qui en comptent *le moins* sont ainsi classés :

Ariége.	Indre.
Lozère.	Landes.
Cantal,	Corrèze.
Hautes-Alpes.	Basses-Alpes.
Ardèche.	Creuse.
Corse.	

Les demandes en *séparation de biens* seulement suivent aussi une progression croissante.

Ces sortes de demandes, qui ont pour objet de sauvegarder les intérêts des femmes contre les poursuites des créanciers du mari, se produisent nécessairement en plus grand nombre dans les moments de crise commerciale ou industrielle que dans les temps de prospérité. Leur distribution ne se fait pas entre les départements de la même manière que les demandes en séparation de corps. Plusieurs de ceux qui comptent très-peu de ces dernières en présentent, au contraire, beaucoup des premières.

V

DEMANDES D'ALIMENTS

Nous n'avons recueilli que peu de renseignements sur ces
sortes de demandes, mais nous avons pu constater que,
comme les séparations de corps, elles sont en voie d'accroissement.

En voici le relevé annuel, de 1841 à 1867 inclusivement :

ANNÉES.	DEMANDES.	ANNÉES.	DEMANDES.
1811.	94	1855.	174
1812 (pas d'indication).		1856.	214
1813.	115	1857.	171
1844.	102	1858.	76
1815.	115	1859.	118
1846.	99	1860.	158
1847.	93	1861.	159
1848.	92	1862.	173
1849.	97	1863.	166
1850.	100	1864.	166
1851.	122	1865.	129
1852.	122	1866.	151
1853.	129	1867.	131
1854.	154		

Les demandes de pension alimentaire sont bien plus fréquentes dans les départements où il existe de grands centres de population que dans les autres. Ce sont elles qui,
après les demandes en séparation de corps, motivent le plus
souvent les recours à l'assistance judiciaire.

DEUXIÈME PARTIE

—

LES CAUSES

DEUXIÈME PARTIE

LES CAUSES

Nous nous proposons de passer successivement en revue les causes qui influent d'une manière fâcheuse sur les mœurs, et qui, par conséquent, portent atteinte, directement ou indirectement, au mariage. — Ces causes multiples, générales ou particulières, matérielles ou morales, peuvent, selon nous, être ainsi classées :

I. — Affaiblissement du principe religieux;

II. — Ignorance;

III. — Indifférence de la loi pour ce qui regarde les mœurs;

IV. — Indifférence de l'autorité pour ce qui regarde les mœurs;

V. — Armées permanentes;

VI. — Agglomérations. Désertion des campagnes.

VII. — Difficultés, pour les femmes, de trouver un travail suffisamment rémunérateur;

VIII. — Mélange des sexes dans les ateliers et fabriques;

IX. — Travail précoce et excessif des enfants dans les ateliers et manufactures;

X. — Influence mauvaise de la littérature;

XI. — Influence mauvaise du théâtre;

I

AFFAIBLISSEMENT DU PRINCIPE RELIGIEUX

> « Supprimez le sentiment religieux, base de nos idées morales, les âmes s'acheminent à une dégradation rapidement progressive. »
>
> (M. Francis WEY, *Manuel des droits et des devoirs*, p. 189.)
>
> « Hors de la pensée chrétienne, l'amélioration populaire est une chimère. »
>
> (M. Michel CHEVALIER, *Cours d'économie politique*, 1842-43, 21e leçon.)

Quand on recherche les causes de la dégradation morale et de la misère matérielle, on est amené à reconnaître qu'elles se trouvent au premier chef dans l'affaiblissement du principe religieux, d'où dérivent la débauche, le désordre et toutes ces habitudes si fatales pour le bien-être de ceux qui subissent leur influence. « Recherchez les causes de la misère, » a dit un honorable magistrat (1), « la meilleure liste que vous en trouverez est celle des sept péchés capitaux. »

Quels sont les départements où la moralité dans les rapports entre les deux sexes est attestée par le petit nombre

---

(1) M. Ch. RENOUARD, *Observations sur le mémoire de M. Rondelet sur la production morale* (Académie des sciences morales et politiques, 1864, 1er trimestre, p. 394.)

de naissances hors mariage? Ce sont ceux où le sentiment religieux a conservé le plus d'empire (1). — Quelles sont, parmi les populations ouvrières, celles qui ont jusqu'ici le mieux résisté à la corruption? Un observateur consciencieux, M. Audiganne (2), l'a constaté : ce sont celles où les idées religieuses n'ont pas tout-à-fait perdu leur influence.

S'il y a encore dans les grandes villes, à Paris notamment, des jeunes filles qui, vivant chez elles, dans une position précaire, des produits d'un travail peu rétribué et qui leur manque souvent, savent résister avec une vertu presque surhumaine aux exemples les plus contagieux, aux obsessions les plus criminelles, à quoi donc cela tient-il, sinon au sentiment religieux qui seul les ranime et les fortifie au milieu de tant d'épreuves? Ah! nous comprenons le respect et l'admiration qu'une telle vertu inspire à ceux qui ont le bonheur de la rencontrer. Nobles filles, qui donnez un si rare exemple, vous méritiez qu'il fût signalé avec émotion par la plume d'un homme de cœur dont nous aimons à retracer les lignes éloquentes : « . . . Il est beau d'être honnête, même quand cela ne coûte rien ; il est beau de porter courageusement le malheur, même quand on ne peut pas changer la destinée ; mais rester pauvre quand on n'a qu'à vouloir pour cesser de l'être, vaincre à la fois la misère et le plaisir, n'est-ce pas le plus beau des triomphes? Pendant que tant de gens font litière de leur conscience, on trouve encore dans les ateliers parisiens quelques pauvres filles, fidèles aux leçons d'une mère et aux souvenirs de la famille absente, qui travaillent et souffrent tout le jour sans même donner un regret à ces plaisirs faciles, à cette abondance, à ce luxe, dont

---

(1) V. *Statistique de la France*, 2e série, t. IV, 1re partie, t. XI, p. LIX ; — p. LVI, LVII. — Voyez également notre carte, à la page 46 *bis* de cette étude.

(2) *Les populations ouvrières et les industries de la France*, t. Ier, p. 105, 172, 185, 272 ; t. II, p. 202 et 216.

elles ne sont séparées que par le sentiment du devoir. Il faut les avoir vues, dans leur isolement, dans leur dénûment et dans leur sainte innocence, pour savoir ce que c'est que la véritable grandeur. Ceux qui vous ont visitées n'oublieront jamais les leçons que vous leur avez données, chaumières de Septmoncel, où le pain manque sur la huche, où les rubis et les émeraudes roulent sur la table; ateliers de Lyon, où le satin broché étale sur le métier ses fleurs éblouissantes, tandis que la famille souffre avec résignation le supplice de la faim; tristes, froides, humides mansardes parisiennes, où de belles et languissantes filles poussent l'aiguille du matin au soir, et meurent à la peine plutôt que de faillir (1). »

De jour en jour, les moyens les plus ingénieux de combattre les funestes habitudes des classes laborieuses seront mis en pratique; mais il serait à craindre que les ouvriers n'échappassent aux conseils de l'imprévoyance que pour céder à ceux de l'égoïsme, si le sentiment religieux ne venait former le contre-poids nécessaire à une tendance, excellente en elle-même, dont l'exagération seule est à craindre.

L'influence religieuse ne se ferait pas moins heureusement sentir sur les patrons. C'est elle surtout qui peut les garantir de la dureté envers leurs ouvriers, en leur rappelant sans cesse qu'ils sont égaux et frères devant Dieu. — Enfin, dirons-nous avec M. Audiganne (2) : « Comme aucun système social ne peut se flatter sans folie de mettre l'individu à l'abri du malheur et de la souffrance, il y aura toujours une multitude d'hommes que l'esprit religieux pourra seul soutenir et consoler. »

---

(1) M. Jules Simon, *L'Ouvrière*, p. 294 et 295.
(2) *Les populations ouvrières de la France, etc*, t. II, p. 408.

A tous ces points de vue, nous déplorons l'affaiblissement du principe religieux, affaiblissement visible pour quiconque ne s'attache pas à de vaines apparences, à des pratiques extérieures qui ont continué plus ou moins de subsister, mais qui, chez un très-grand nombre, ne sont que de pures formalités. On tient à la première communion des enfants, souvent par simple habitude; — les femmes s'adonnent volontiers à des exercices de dévotion qui témoignent chez elles de plus de superstition que de vraie religion, ou bien, pour celles d'une condition relevée, si on les voit à l'église, ce n'est qu'affaire de mode. Il est de bon ton d'avoir été vue, le matin, chez les Jésuites, au sermon du R. P.***, et, le soir, d'étaler aux Italiens ou à l'Opéra un luxe tout mondain. On a son prie-dieu à l'église, comme sa loge au théâtre !

Ce n'est pas ici le lieu de montrer par quelles voies on pourrait hâter le réveil du véritable sentiment religieux; mais, le jour où l'opinion publique n'aurait plus à craindre les entreprises politiques du clergé, qu'à tort ou à raison elle s'obstine à redouter, — le jour où l'Église songerait sérieusement à réprimer les abus qui se sont introduits dans l'administration du culte, — le jour où le prêtre aurait compris que, dans les circonstances présentes, son véritable rôle est d'être moins théologien que moraliste, — ce jour-là, nous le disons avec une entière conviction : un grand pas serait fait vers cette rénovation religieuse si désirable et si puissante pour le progrès des mœurs.

II

IGNORANCE

— ◦ —

> « Sans lumières, point de morale. »
>
> (MIRABEAU, *Discours sur l'éducation nationale.*)
>
> « C'est à l'aide de l'ignorance que se sont propagées les doctrines subversives de toute société. Les plantes vénéneuses ne croissent que dans des champs sans culture. »
>
> (BOULAY DE LA MEURTHE, lettre insérée au *Moniteur* du 11 janvier 1850.)

« Ce qui empêche le plus souvent, parmi le peuple, le développement de l'esprit d'ordre et d'économie, et y favorise les instincts grossiers et la dépravation, c'est l'absence complète de toute culture intellectuelle et morale (1). »

Quelles distractions sont permises à l'ignorant, sinon le cabaret ? Quel respect aura d'elle-même la jeune fille sans la moindre éducation ? Quelle destinée attend la famille, si la mère ne sait absolument rien ? Comment l'ouvrier, le paysan, pourront-ils s'élever à une condition meilleure, s'ils ne possèdent pas ces connaissances premières qui sont pour tous un instrument indispensable ?

Eh bien ! à l'heure qu'il est, dans notre pays qui se vante de marcher à la tête du monde civilisé, près du tiers

---

(1) M. Dulau, *Essai sur la science de la misère sociale*, p. 45.

des conscrits ne savent même pas lire ! 36 p. 0/0 des conjoints sont incapables de signer leur nom ! six cent mille enfants restent privés de toute instruction !

J.-B. Say (1) l'a dit avec raison : « L'instruction n'est pas indifférente pour la morale. Elle a, relativement aux mœurs, ces deux grands avantages : c'est d'abord qu'elle nous éclaire sur nos vrais intérêts. Elle adoucit les mœurs en tournant nos idées vers des objets innocents ou utiles. Les hommes instruits, en général, font moins de mal, commettent moins de dégâts que ceux qui ne le sont pas (2). Mais c'est principalement en nous éclairant sur nos propres intérêts que l'instruction est favorable à la morale. Le manouvrier qui boit en quelques heures ses profits de la semaine, qui rentre chez lui pris de vin, bat sa femme, corrompt par son exemple des enfants qui pourraient devenir l'appui de sa vieillesse, et qui enfin ruine sa santé et meurt à l'hôpital, calcule moins bien que cet ouvrier diligent qui, loin de dissiper ses petites épargnes, les accumule ainsi que leurs intérêts, se fait un sort sur ses vieux jours, et passe l'âge du retour au sein d'une famille aimée qu'il a rendue active et dont il est adoré. »

Il est certain que les cours d'adultes qui se sont propagés depuis plusieurs années sur tous les points du pays, ont détourné beaucoup de personnes des cabarets, des cafés et des veillées dangereuses. A Guebwiller, on a constaté l'heureuse influence sur la jeunesse et sur la population

---

(1) *Olbie.*

(2) Cette vérité a été mise en évidence lors de la disette de 1847. Tandis que, dans les départements de l'Est, où le prix du blé fut le plus élevé, on n'eut aucun désordre à réprimer, les marchés de la Bretagne furent troublés à plusieurs reprises.

ouvrière des cours ouverts depuis 1858 : « Au lieu de fréquenter les brasseries et d'y perdre leur santé, leur temps et leur argent, les ouvriers qui suivent ces cours font aujourd'hui des économies et améliorent leur position en gagnant de meilleurs salaires (1). »

Aucun esprit sérieux ne peut mettre en doute que donner de l'instruction aux hommes, ce ne soit travailler de la manière la plus efficace à leur bonheur, leur assurer une foule de jouissances et en même temps les rendre meilleurs (2).

---

(1) Commission de l'enseignement technique, *Rapport et notes*, 1865, p. 165.

(2) **C'est aussi améliorer la santé publique.** Des travaux inédits de statistique médicale comparée ont donné à feu M. le docteur Mélier la preuve que tel est l'effet de l'instruction. Méditant la carte ingénieuse publiée par M. Ch. Dupin, il se demanda s'il n'y avait pas quelque rapport entre l'instruction et l'état de la santé publique, et il eut la pensée de faire pour la moralité ce que le savant académicien avait fait pour l'instruction. La ligne de démarcation si tranchée sur la carte de M. Ch. Dupin entre la France du Nord et celle du Midi se retrouva sur la nouvelle carte. Le Nord, plus éclairé, compte moins de décès: 1 sur 40.75 ; le Midi, moins éclairé, en offre davantage: 1 sur 38.90. Les départements où l'instruction primaire est très-négligée, et qui se présentent comme une tache noire, triste emblème de l'ignorance, sur la carte Dupin, offrent aussi, pour la plupart, une teinte noire, sur la carte de la mortalité. Tels sont les départements qui composent la Basse Bretagne, le Finistère, le Morbihan, les Côtes-du-Nord, Ille-et-Vilaine, etc.

D'autre part, les départements éclairés qui sont en blanc sur la carte de l'instruction, le sont également sur l'autre carte. — Enfin, on dirait que la mortalité est en raison directe de l'ignorance, et en raison inverse de l'instruction élémentaire.

Il n'y a sans doute pas entre les deux cartes concordance parfaite. Pour cela il faudrait que l'instruction fût la seule cause qui modifiât la santé publique. Or, une foule d'autres circonstances exercent sur elle une action puissante. Il y a donc plusieurs exceptions ; mais loin d'infirmer la règle, elles la confirment en quelque sorte, puisque toutes s'expliquent par quelque circonstance particulière aux localités qui la présentent. Ainsi, on trouve plusieurs départements arriérés qui n'ont pourtant qu'une faible proportion de décès; mais ce sont les départements dont les habitants sont dans l'usage

Mais, bien entendu, l'instruction doit être appropriée aux aptitudes de ceux qui la reçoivent : celle qui provoquerait le déclassement des individus serait le plus triste cadeau qu'on pût faire à un enfant ou à un jeune homme. Aussi avons-nous applaudi à la loi du 21 juin 1865 qui a créé, à côté de l'enseignement classique et au-dessus de l'école primaire, un nouvel ordre d'enseignement, assez bizarrement appelé « enseignement spécial. » Une foule de jeunes gens, qui auparavant étaient amenés à entreprendre des études dont ils n'avaient nul besoin, ne se trouveront plus déclassés, dévoyés ; ils ne rougiront plus de la profession de leur père. On se rappelle ce mot de Frédéric Bastiat (1) : « L'abus des études classiques a perverti le jugement et la moralité du pays. »

Nous avons applaudi avec non moins de vivacité à la loi du 10 avril 1867 sur l'instruction primaire, car elle con-

---

d'émigrer pour aller exercer ailleurs une industrie quelconque ; plusieurs meurent loin de leurs foyers : on conçoit que cette circonstance diminue d'autant, en apparence, la mortalité ; tels sont les départements du Cantal, du Puy-de-Dôme, etc.— Il est d'autres départements, au contraire, qui offrent beaucoup de décès, bien que l'instruction y soit très-répandue. Cette fâcheuse exception tient, en général, à quelque cause d'insalubrité permanente qui existe, à des marais par exemple, comme dans l'Ain, la Charente-Inférieure. D'autres fois, la mortalité excédante de certains départements est due à ce qu'ils sont le siége d'une industrie très-active. L'industrie, en effet, est très-avantageuse à la population prise en masse, mais elle est funeste à un grand nombre d'ouvriers. Dans la Moselle, dans le Haut et le Bas-Rhin, la mortalité est forte, bien que l'instruction soit très-répandue et que l'aisance soit assez générale. Dans certains autres départements, la mortalité s'explique par la présence d'une grande capitale (*Paris, Lyon, Marseille*). Mais de telles exceptions, évidemment dues à des circonstances spéciales, ne font que confirmer la règle générale. Aussi est-il vrai de dire que, là où on trouve plus d'instruction, on trouve une industrie plus active, plus d'aisance, moins de préjugés, des mœurs meilleures et surtout des goûts d'ordre et de propreté que l'on chercherait vainement dans les lieux où les lumières manquent.

(1) *Baccalauréat et Socialisme.*

tient le germe de nombreuses améliorations, en imposant aux communes de 500 habitants et au-dessus l'obligation d'avoir une école publique spéciale de filles, et en exigeant que, dans toute école mixte tenue par un instituteur, il y ait une femme chargée de diriger les travaux à l'aiguille des filles. Ces deux dispositions sont capitales, l'instruction des filles, non moins importante que celle des garçons, ayant toujours été reléguée au second plan.

Dans les campagnes, l'instruction des filles devrait avoir un caractère essentiellement pratique, et la plus large part devrait être faite aux travaux qui conviennent à de futures ménagères. Ce n'est pas ce qui a lieu malheureusement, à en juger par les plaintes que les instituteurs ont fait entendre, en 1861, dans les mémoires envoyés par eux, pour le concours que le ministre de l'instruction publique avait ouvert. Voici quelques-unes de leurs doléances :

« La direction de l'éducation des filles de la campagne est mauvaise. On ne songe guère à en faire des ménagères, et des femmes capables de seconder des agriculteurs. On ne les applique qu'à la broderie et on en fait des demoiselles. » (*Meurthe.*)

« Les travaux d'aiguille sont mal dirigés. On enseigne la broderie, la tapisserie, les ouvrages en perles ! » (*Manche.*)

« L'enseignement de ces ouvrages de luxe est plus nuisible qu'utile. » (*Orne.*)

« Ce qu'il serait utile d'apprendre aux jeunes filles, c'est la bonne tenue d'un ménage agricole. Qu'on leur apprenne à soigner les animaux, à conserver les denrées, à faire la lessive, on leur aura rendu un meilleur service qu'en leur apprenant, comme le font certaines institutrices rurales mal inspirées, à broder, à faire de la tapisserie et des fleurs artificielles. » (*Yonne.*)

« Les dispositions de la loi relatives aux travaux d'aiguille restent presque partout à l'état de lettre morte. La classe d'ouvrage est abandonnée. Il faut obliger les institutrices à faire coudre. Nous continuons à voir arriver à l'école l'enfant du pauvre, déguenillé, les coudes percés, les pieds et les jambes demi nus. » (*Vosges.*)

Il conviendrait donc que l'administration tînt rigoureusement la main à ce que les travaux d'aiguille, si utiles à enseigner aux jeunes filles, ne perdissent jamais le caractère pratique qu'il est indispensable de leur conserver.

Les cours d'adultes se sont multipliés dans ces dernières années. Nous nous en réjouissons, mais ce serait singulièrement exagérer l'importance de l'instruction primaire que de croire avoir tout fait pour avoir enseigné à des ignorants la lecture, l'écriture et le calcul. Il n'y a pas dans ces connaissances, indispensables à tout homme, quel que soit son état, la vertu que certaines personnes semblent leur attribuer. Nous dirons même, avec M. Dufau (1), que « chez l'individu à qui manquent toutes idées morales et religieuses, l'instruction pourrait seconder ce funeste affranchissement des règles sur lesquelles se fonde la moralité. Si vous le mettez à même de faire une lecture, cette lecture, comptez-y, sera plus souvent mauvaise que bonne, plus nuisible à ses mœurs que féconde pour son intelligence. Comment en serait-il autrement ? N'avons-nous pas sans cesse à constater parmi les classes éclairées une propension

---

(1) *Essai sur la science de la misère sociale*, p. 46 et 47.

pour ce qui est frivole et licencieux, et n'est-ce pas là ce qui assure aux livres dangereux un succès qu'obtiennent rarement les productions sérieuses et utiles? Pourquoi cette même propension ne se produirait-elle pas aussi chez le peuple? Qui pourrait le soustraire aux faiblesses de notre commune nature, et n'est-il pas rationnel que l'ouvrier sans principes dédaigne, comme on le fait si souvent dans le monde, l'écrit qui pourrait l'améliorer pour s'attacher au roman attrayant qui achèvera de le corrompre? »

Donc, si l'instruction, qu'il faut répandre à flots, est bonne en elle-même, si elle conduit à des résultats matériels avantageux, elle ne suffit point à elle seule pour inspirer la moralité. Et c'est pour ce motif que nous regrettons vivement qu'une part plus large n'ait pas été laissée jusqu'ici à l'initiative privée dans la lutte entreprise contre l'ignorance. Il ne faut pas se borner, dans les cours d'adultes, à enseigner aux illettrés la lecture, l'écriture et le calcul ; il faut aussi parler au cœur des ignorants, élargir l'horizon de leur intelligence, les intéresser par des lectures faites avec charme, des récits de voyages, des biographies d'hommes utiles, d'ouvriers célèbres, etc. Nos instituteurs sont-ils, en général, à la hauteur d'une pareille tâche? Dans quelques localités, des maires, des curés, des juges de paix, des médecins, de riches propriétaires, ont compris cette nécessité, mais plus d'un homme de bonne volonté s'est vu parfois paralysé par les formalités administratives. En France, on fait volontiers l'éloge de l'initiative individuelle, mais on semble en même temps la redouter, et il faut compter avec la bureaucratie.

Quoi qu'il en soit, nous voudrions que ce qui n'a été jusqu'ici que l'exception devînt la règle, que partout on se fît un devoir comme un honneur de seconder l'instituteur dans la partie d'une tâche qu'il est insuffisant à remplir seul. Nous ne craignons pas d'affirmer qu'on réussirait ainsi à donner au peuple un peu de véritable instruction en lui inspirant beaucoup de moralité.

Toutes les questions que soulève une meilleure organisation de l'instruction publique sont du plus haut intérêt pour la prospérité du pays et la moralité générale. Par l'instruction, si on ne la sépare pas de l'éducation, on régénérera la société. Un de nos éminents historiens (1) l'a dit très-justement : « Quelle est la première partie de la politique ? l'*éducation*. — La deuxième ? l'*éducation*. — Et la troisième ? l'*éducation*. »

Plus que jamais la politique conseille de combattre l'ignorance, en même temps que la fraternité chrétienne en fait un devoir. « La classe la plus nombreuse, » disait, il y a bientôt trente ans, M. Michel Chevalier (2), « a pour elle désormais l'irrésistible flot de la marée montante. C'est un courant qui, tous les jours, augmente de force et d'intensité... il n'est donné à personne de le faire refluer. » Les événements sont venus confirmer cette prévision, et aujourd'hui surtout que le suffrage universel a fait monter le peuple dans l'ordre politique, il y aurait le plus grave danger à ne pas le faire monter dans l'ordre moral.

---

(1) M. Michelet, *Le Peuple*, p. 310.
(2) *Cours d'économie politique* (1841-42), p. 49.

III

INDIFFÉRENCE DE LA LOI

POUR CE QUI REGARDE LES MŒURS

> « Ce qu'on ôte en austérité aux lois, on le donne
> en force, en audace, aux passions qui combattent les
> lois. »
>
> (CARRION-NISAS, *Discours au Tribunal*, 21 ventôse
> an XI.)

« Nos codes reposent sur cette donnée passablement épaisse, que tout est sauf quand le pouvoir est intact, et que l'unique intérêt de la société c'est le salut de son gouvernement. Voyez plutôt : quelle définition abondante et intarissable de tout ce qui est complot ! Que de précautions pour protéger le moindre fonctionnaire ! Quel luxe d'agents et de moyens pour assurer la répression ! Jamais lois ne furent si richement préventives, si durement répressives ; mais tout cela n'est que pour le principe et pour les dépositaires de l'autorité. Quant aux mœurs, sauve qui peut ! On dirait que ce côté ait été choisi pour rendre la main, pour détendre l'action du gouvernement, pour laisser enfin quelque chose à la liberté. Toute cette matière, comme on dit, a trouvé grâce devant le législateur. Il l'a traitée paternellement, avec tolérance, avec mansuétude. Il n'y a pas là de politique : c'est chose vénielle à ses yeux. Ou bien peut-être s'est-il dit qu'il n'y avait pas tant à s'inquiéter

6

pour les mœurs, se rappelant le mot de Duclos : que le peuple français est le seul dont les mœurs peuvent se dépraver sans que le fond du cœur se corrompe, ni que le courage s'altère (1). »

Ces critiques d'un des publicistes les plus estimés de nos jours sent justes. Il est impossible, pour tout esprit honnête et droit, de n'être pas de son avis, en voyant la séduction impunie, la corruption à peine effleurée par le châtiment, l'adultère du mari amnistié théoriquement, etc.

Ces insuffisances, disons mieux, ces défaillances de la loi, nous les signalons comme l'une des premières causes de la dépravation morale qui attriste les regards des gens de bien, et dont les statistiques de la justice civile et de la justice criminelle témoignent, chaque année, de la façon la plus irrécusable.

§ 1er.

SÉDUCTION.

Si la loi accordait l'impunité à certains crimes ou à certains délits, il n'est pas douteux qu'ils seraient plus fréquents. Tous les jours, l'organe du ministère public ne réclame-t-il pas du jury un verdict sévère, pour la nécessité de l'exemple ?

En proscrivant d'une manière absolue la recherche de la paternité, le législateur moderne a cru sans doute bien faire ; il ne s'est malheureusement pas rendu compte qu'en voulant supprimer un abus, il allait en favoriser un bien plus

(1) M. Ch. Dupont-White, *A propos du livre de M. E. Legouvé : Histoire morale des femmes.*

grand et bien plus terrible dans ses conséquences ; qu'il se rendait complice d'une déplorable facilité de mœurs ; que refuser à l'enfant naturel le droit de rechercher son père, alors même qu'il peut invoquer les preuves les plus évidentes et les moins équivoques, c'était à la fois commettre un déni de justice à l'égard de l'enfant, et accorder à son père une immunité scandaleuse.

« Cette indifférence de la loi a porté ses fruits : la séduction qui, pendant le dernier siècle de l'ancien régime, n'appartenait guère qu'aux mœurs de la cour, s'est incessamment propagée, depuis lors, dans la masse même de la nation ; aujourd'hui ce désordre est devenu, en quelque sorte, un trait habituel de nos mœurs privées. Aucun père, à moins d'y être contraint par une dure nécessité, n'ose confier sa fille à la foi publique. Dans les familles aisées, les filles restent, pour ainsi dire, cloîtrées au foyer domestique, en sorte qu'elles n'auraient aucun moyen de choisir elles-mêmes un mari, alors même que ce choix ne devrait pas être entièrement subordonné à la question d'argent. Quant aux familles pauvres, obligées de tirer parti du travail de tous leurs bras, elles doivent exposer leurs filles à cette corruption qui envahit peu à peu tous les points du territoire. La séduction exercée au détriment des jeunes ouvrières est commune aujourd'hui à la ville et à la campagne (1). »

Tant que les jeunes filles, si peu protégées par nos mœurs, ne le seront pas davantage par nos lois, le libertinage aura une libre carrière, et il ne faut pas espérer voir diminuer le nombre des naissances illégitimes, des avortements, des infanticides, des abandons d'enfants, des crimes atroces qu'inspirent aux filles séduites et délaissées, ou à leur famille, la vengeance et le désespoir.

---

(1) M. Le Play, *La réforme sociale en France*, t. Ier, CHAP. III, la famille la femme et le mariage, p. 104.

§ 2.

ATTENTATS AUX MŒURS.

L'élévation croissante du chiffre des crimes et des délits contre les mœurs démontre l'insuffisance de la répression pénale.

Déjà, à deux reprises, le législateur a senti la nécessité d'une sévérité plus grande. Ainsi, le Code pénal de 1810 ne punissait l'attentat à la pudeur que lorsqu'il était accompagné de violence. En 1832, on eut la sage pensée de fixer un âge au-dessous duquel la violence serait toujours présumée, par cette raison que l'enfant n'a pas encore le discernement nécessaire pour donner un consentement sérieux et libre. Cet âge fut fixé à onze ans. — Alarmé de la multiplicité des attentats dont les enfants sont victimes, le gouvernement proposa au Corps législatif, dans sa session de 1863, de reculer cette limite à douze ans. Le Corps législatif alla plus loin, et il adopta l'âge de treize ans.

La loi du 28 avril 1832 a aggravé la peine du viol qui, d'après le Code de 1810, n'était passible que de la réclusion, ou, lorsque la victime avait moins de quinze ans, des travaux forcés à temps. — Le viol est aujourd'hui puni des travaux forcés à temps, et il entraîne le maximum de cette peine (20 ans), s'il a été commis sur une personne de moins de quinze ans accomplis.

L'article 330 du Code pénal limitait à une année d'emprisonnement le maximum de la peine applicable à l'individu reconnu coupable d'outrage public à la pudeur. La loi du 1er juin 1863 a porté ce maximum à deux ans.

On sait que la Cour de cassation avait déclaré que l'article 345 du Code pénal, qui a pour but d'assurer la conservation de l'état civil de l'enfant, n'était pas applicable à défaut de preuve que l'enfant supprimé eût vécu. Toute poursuite était donc impossible lorsque l'enfant ne pouvait être retrouvé mort ou vivant. Quelles tentations pour l'infanticide ! — On s'est ému de ce péril, et la disposition suivante a été ajoutée, en 1863, à l'article 345 : « S'il n'est pas établi que l'enfant n'a pas vécu, la peine sera de trois mois à cinq ans d'emprisonnement, et d'une amende de 16 francs à 50 francs. »

Enfin, pour fixer la jurisprudence sur un point délicat, la commission du Corps législatif chargée, en 1863, d'examiner le projet de loi portant modification de plusieurs dispositions du Code pénal, proposa de rédiger l'article 334 de telle sorte qu'il fût constant désormais que l'excitation à la débauche n'est punissable qu'autant qu'elle est imputable au proxénète, et a pour but de *satisfaire les passions d'autrui.* Mais un membre de l'Assemblée, M. Nogent-Saint-Laurens, s'éleva vivement contre l'addition de ces mots, qui, à ses yeux, trancherait la difficulté dans le sens de l'immoralité. Sur ses observations, appuyées par le commissaire du gouvernement, la nouvelle rédaction de l'article 334 fut repoussée, d'où il résulte que la jurisprudence la plus récente de la Cour de cassation se trouve consacrée législativement.

Tout ceci prouve bien que la démoralisation s'est accrue ; mais le législateur a-t-il appliqué énergiquement le remède au mal qu'il a reconnu et qu'il a voulu réprimer plus sévèrement ? Nous ne le pensons pas, et on sera de notre avis après avoir jeté les yeux sur les chiffres suivants :

	1865.	1866.	1867.
Attentats à la pudeur avec violence sur des adultes, sans circonstances aggravantes	76	56	53
Viols et attentats à la pudeur sur des adultes, avec circonstances aggravantes	102	101	71
Attentats sans violence sur des enfants au-dessous de treize ans, sans circonstances aggravantes	466	518	491
Viols et attentats à la pudeur avec violence sur des enfants de moins de quinze ans, ou sans violence, mais avec d'autres circonstances aggravantes	354	365	314
Outrages publics à la pudeur	2,674	2,495	2,283
Attentats aux mœurs en excitant à la débauche ou en la favorisant	266	257	284

Et il ne s'agit que de crimes ou délits *constatés*. Combien demeurent cachés pour l'honneur des familles !

§ 3.

ADULTÈRE.

L'adultère est l'un des crimes les plus odieux ; c'est de tous les vols le plus cruel ; il est la source des meurtres et des excès les plus déplorables ; mais l'honneur humain est ainsi fait : tel homme qui serait incapable de dérober un sou à un autre volera sans scrupule la femme de son voisin, parfois même de son ami ; et, chose inouïe, le législateur, se faisant complice de l'opinion, s'est borné à ranger dans la classe des simples délits un crime dont il reconnaissait cependant toute la gravité. En vérité, ne semble-t-il pas que la société, comme l'a dit Voltaire (1), ait « fait

---

(1) Politique et législation. *De la bigamie et de l'adultère.*

uno convention secrèto do no point poursuivro des délits dont ello s'est accoutuméo à riro ? »

Voici comment s'exprimait M. Monseignat, dans son rapport au Corps législatif : « Il est uno infraction aux mœurs moins publiquo, mais presquo aussi coupablo (quo la prostitution) ; si ello no supposo pas des habitudos aussi dépravées, ello présento la violation do plus do devoirs : c'est l'adultèro. Placó dans tous les codes au nombro des plus graves attentats aux mœurs, à la honto do la moralo, l'opinion semblo excusér co quo la loi doit punir ; uno espèco d'intérêt accompagno lo coupablo ; les railleries poursuivent la victimo. *Cetto contradiction entro l'opinion et la loi a forcé lo législateur à fairo descendro dans la classo des délits co qu'il n'était pas en sa puissance do mettro au rang des crimes.* » — La conscienco repoussu un pareil principo. Comment admettro quo les lois doivent êtro plus faiblos alors quo les mœurs sont plus corrompues ?

En cetto matièro si gravo, lo législateur s'est montró d'uno faiblosso et d'uno iniquité contro lesquelles do généreuses protestations so sont souvent élevées : — d'uno faiblosso regrettablo, car il est dérisoiro do punir d'un emprisonnement do trois mois à deux ans la femmo qui a aussi cruellement outragó son mari, ou d'infliger à l'époux coupablo uno simplo amendo do 100 francs à 2,000 francs ! mieux vaudrait quo lo Codo eût gardó lo silenco sur la violation do la foi conjugalo, commo l'avait fait la loi do 1791, commo lo fait la loi anglaiso (1) ; — d'uno iniquité évidento, car, d'un côtó, lo mari, convaincu d'adultèro, devrait êtro passiblo do la mêmo peino que la femmo infidèlo, et, d'autro part, en faisant do l'entretion d'uno con-

---

(1) M. Ch. do Franqueville, *Les institutions politiques, judiciaires et administratives do l'Angleterre.*

cubino dans le domicile conjugal le seul cas d'adultère punissable en ce qui concerne le mari, la loi assure à ce dernier une impunité à peu près absolue.

Aussi ne faut-il pas s'étonner si le nombre des adultères constatés s'accroît sans cesse. Il a triplé depuis 1841. En voici, du reste, le relevé pour vingt-sept années, d'après les comptes rendus de la justice criminelle :

ANNÉES.		ANNÉES.	
1841.	133	1855.	178
1842.	135	1856.	184
1843.	167	1857.	152
1844.	161	1858.	135
1845.	157	1859.	332
1846.	202	1860.	382
1847.	195	1861.	398
1848.	142	1862.	418
1849.	181	1863.	434
1850.	211	1864.	420
1851.	235	1865.	370
1852.	248	1866.	366
1853.	160	1867.	374
1854.	201	TOTAL.	7,519

Cet accroissement considérable de ce genre de délits ouvrira-t-il les yeux du législateur ? Nous voulons l'espérer, et nous indiquerons les dispositions qu'il y aurait lieu d'adopter pour remplacer celles dont nous aurons l'occasion, dans la troisième partie de notre mémoire, de faire plus longuement la juste critique.

IV

INDIFFÉRENCE DE L'AUTORITÉ

POUR CE QUI REGARDE LES MŒURS

« Presque tous les pouvoirs commettent la même faute. Ils s'occupent trop d'eux-mêmes et trop peu de la société. »

(H. RICARLT, *Conversations littéraires et morales*, p. 79.)

Si l'on est réduit à admettre comme « chose toute naturelle et toute nécessaire pour le plaisir et le débarras publics, de jeter à la dégradation et à la ruine le corps et l'âme de milliers de créatures de Dieu (1), » si, comme l'a dit Parent-Duchâtelet (2), « la prostitution existera toujours dans les grandes villes, parce que, comme la mendicité, comme le jeu, c'est une industrie et une ressource contre la faim, » si les prostituées sont « aussi inévitables dans une agglomération d'hommes, que les égouts, les voiries et les dépôts d'immondices, » du moins le devoir de l'autorité est « d'atténuer par tous les moyens possibles les inconvénients qui leur sont inhérents, et pour cela de les cacher, de les reléguer dans les coins les plus obscurs, en un mot, de rendre leur présence aussi inaperçue que possible. »

---

(1) M. Victor MODESTE, *Les Femmes* (*Journal des Économistes*, septembre 1861.)

(2) *De la prostitution dans la ville de Paris*, t. II, p. 526 et 528.

Est-ce là ce que fait l'autorité? Il faut bien le dire : le libertinage (nous parlons spécialement de Paris) est si public qu'on serait tenté de croire qu'il est non-seulement toléré, mais autorisé, favorisé même par la police, et que cette incurie entre dans la politique des gouvernants. — Ce n'est pas d'aujourd'hui que datent ces plaintes légitimes dont nous nous faisons l'écho au nom de l'honnêteté et de la pudeur publiques. Voici ce que nous lisons dans un livre imprimé en 1807 (1) : « Ce n'est pas seulement dans ces détestables lieux, dans les rues écartées et désertes, que les prostituées vendent leurs faveurs meurtrières ; elles attaquent effrontément, dans les rues les plus splendides, les plus fréquentées, l'enfant, l'adulte, le vieillard (2). » — Puisqu'il en est encore ainsi en 1870, nous répéterons, avec l'écrivain de 1807 : « Il faut, au moins, si des femmes impudiques se livrent à un trafic honteux, que ces marchés soient secrets et cachés, que les oreilles n'en soient point blessées, et qu'on en dérobe aux yeux les odieux résultats. On supprimera ainsi ces outrages continuels à la pudeur, cette excitation permanente et publique à la débauche.

« On n'empêchera pas que la séduction, le tempérament et l'incontinence n'occasionnent beaucoup de désordres ; mais on empêchera la licence de lever la tête, et on forcera l'impudicité à se couvrir du voile dont elle a osé se dépouiller. La fille honnête ne sera pas effrontément attaquée sous

---

(1) Thomas, *Observations sur divers objets relatifs à l'administration de la justice et à la police*, p. 67 et suivantes.

(2) N'est-ce pas un scandale public de voir les prostituées tenir, le soir, le haut du pavé de certaines rues de Paris, notamment de la rue Vivienne qui va de la Bourse au boulevard?.. Et les boulevards, de la Madeleine au faubourg Montmartre, ne sont-ils pas occupés par une multitude de filles perdues qui attendent cyniquement, chaque soir, sur les bancs, sur les chaises, devant les cafés, l'occasion d'exercer leur honteuse industrie ?

l'aile même de sa mère, et le jeune homme ne sera point arrêté dans les rues par les provocations des prostituées.

« Que la débauche qui flétrit l'âme et engendre tous les vices n'étende plus sa contagion par la publicité ; que la pudeur publique, mise sous la protection spéciale des lois, soit gardée par la vigilance continuelle d'une police sévère et active. »

Voilà ce que nous demandons, en attendant le jour, qui viendra, nous ne renonçons pas à cet espoir, où, par l'éducation et l'accès de professions leur permettant de vivre honorablement, les femmes ne seront plus réduites à de pareilles ressources ! Et si l'on nous objectait que la prostitution est un mal nécessaire pour sauvegarder les femmes honnêtes, nous répondrions, avec l'auteur que nous venons de citer, que « c'est dans les villes où elle règne qu'on fait le plus violence à la chasteté ; la paysanne innocente a moins à craindre dans un champ isolé des grossiers habitants de la campagne que la citadine, au détour d'une rue déserte, et même en plein jour, de l'insolence d'un jeune libertin. » — Il n'y a pas, d'ailleurs, une considération sociale au nom de laquelle on puisse accepter que, « pour mettre telles femmes à l'abri du viol, d'autres femmes seront nécessairement vouées à la prostitution (1). »

L'indifférence de l'autorité pour ce qui regarde les mœurs se trahit de mille manières. — On voit aux étalages des marchands de gravures les photographies cyniques des femmes de théâtre ou des filles à la mode, et, à l'aide du stéréoscope, le passant peut fouiller l'image dans tous ses détails. Dangereux agents de dépravation, ils prostituent dans leurs montres les portraits vénérés par la foule en les accouplant honteusement à ceux des courtisanes les plus

---

(1) M. Émile de Girardin, *La liberté dans le mariage.*

vulgaires. L'obscénité s'étale en plein soleil, et l'autorité n'en prend nul souci !

D'honnêtes industriels ont trouvé le moyen d'incruster dans des breloques de montre, dans des pommes de canne, de parapluie, etc., de petits stéréoscopes qui font voir un sujet érotique et dégoûtant (nous en avons trouvé dans un village de la Haute-Marne). — L'autorité ne peut ignorer ces choses, et elle ne s'en émeut pas !

D'ignobles pitres, sur nos places publiques, débitent, devant les badauds rassemblés, des chansons plus que grivoises et de grossiers jeux de mots, tandis que leur compère tire les cartes et explique l'avenir pour dix centimes. — Il y a bien un article du Code pénal (1) qui punit d'une peine de simple police « les gens qui font métier de deviner et de pronostiquer » ; mais il n'est pas applicable apparemment à ceux qui travaillent dans les rues et carrefours avec la permission de M. le préfet de police !

Sur les théâtres secondaires de Paris, il n'y a pas une seule revue qui ne se termine par des danses échevelées. L'autorité n'y prend pas garde, et cependant elle fait expulser des bals publics l'individu qui met en pratique les leçons que, la veille peut-être, la scène lui a données !

Tout cela est triste. Tout cela provoque et entretient la démoralisation. Il serait temps que la police comprît que les mœurs sont la sauvegarde des sociétés et leur plus ferme appui (2).

---

(1) Art. 470, n° 7 ; 481, 482.

(2) Plus d'un agent de l'autorité ne s'en doute guère !.. Voici un fait qui s'est passé à Paris et qui nous a été affirmé *vrai*. — Une pauvre jeune femme, ayant perdu son mari et se trouvant sans ressources malgré d'actives démarches pour avoir de l'occupation, se décide à faire part de cette situation au commissaire de police de son quartier. Le digne fonctionnaire la congédie bientôt en lui disant : « Je n'y puis rien... vous êtes jeune, Madame, prenez un amant. » ! ! *Ab uno disce omnes.*

V

ARMÉES PERMANENTES

« ..... Ce que l'on peut appeler aujourd'hui la prostitution privée aussi bien que publique n'est susceptible d'aucune guérison, d'aucune atténuation même, tant que se maintiendra le système actuel des armées permanentes. »

(M. Patrice Larroque, *De la guerre et des armées permanentes*, p. 216.)

Les armées permanentes sont, parmi les causes générales de démoralisation, l'une des plus actives. Ce n'est pas impunément que l'on condamne au célibat cinq ou six cent mille hommes, l'élite de la population. — Menant une vie très-libre et ordinairement désœuvrée, le jeune soldat ne peut que se laisser entraîner aux passions de la jeunesse, et il contribue, pour une large part, à la corruption de l'autre sexe.

Un honorable médecin de Meaux, en nous transmettant les renseignements que nous lui avions demandés sur le mouvement de la population dans cette ville, nous fit remarquer qu'à deux reprises, lors de la guerre d'Italie et de la guerre de Crimée, il n'y eut à Meaux qu'un dépôt au lieu d'un régiment. Les jeunes gens de la ville faisant partie de la réserve et les militaires en congé étaient allés rejoindre leurs corps. « Vous vous expliquerez ainsi », ajoutait-il, « la diminution de naissances illégitimes qui correspond à ces deux périodes. »

Frappé de cette observation, nous avons voulu en chercher la confirmation dans les résultats généraux du mouvement de la population en France pendant les deux années qui ont suivi le départ de nos troupes pour l'Orient et l'Italie, c'est-à-dire pendant les années 1855 et 1860. Les chiffres ci-dessous démontrent avec évidence la justesse de la remarque faite par notre honorable correspondant de Meaux, et l'influence funeste des armées permanentes sur la moralité publique :

ANNÉES.	TOTAL DES NAISSANCES (Mort-nés compris).		RAPPORT des NAISSANCES illégitimes aux naissances totales (Mort-nés compris).
	LÉGITIMES.	ILLÉGITIMES.	
1854 (guerre de Crimée). .	888,069	75,170	11.81
1855.	**871,6**	**73,558**	**12.69**
1856	919,741	76,852	12.50
1859 (guerre d'Italie). . .	977,676	80,740	11.27
1860	**926,100**		**12.31**
1861.	967,327	82,775	11.69

Ainsi, une diminution notable des conceptions illégitimes correspond à la diminution de l'effectif de notre armée en France, aux deux époques de la guerre d'Orient et de la guerre d'Italie.

« En France, dit M. Legoyt (1), on a constaté qu'à population civile égale, les villes qui entretiennent de nombreuses garnisons ont plus de naissances naturelles que celles qui

---

(1) *Journal des Économistes* (mai 1868). Des naissances illégitimes en France.

n'en ont pas. Adolphe Frantz *(Statistique de l'Allemagne méridionale et de la Suisse)* a fait la même observation dans quelques États allemands. Pour revenir à notre pays, on a cru remarquer, en se rapportant à la période 1800-1815, que, lorsque la paix (paix toujours de courte durée) ramenait en France nos armées victorieuses, leur retour était signalé par une recrudescence de naissances naturelles. Voici les faits sur ce point : En 1802, nos troupes quittent le territoire étranger ; le nombre de ces naissances s'élève de 42,708, cette même année, à 43,234 en 1803. — En 1810, nouvelle paix (plus prolongée que la première), elles montent de 52,167 à 56,533. — A la paix de 1814, le mouvement progressif est encore plus caractérisé : 55,131 et 30,086. — Enfin, en 1851, on passe de 60,086 à 62,553. »

· Un statisticien qui fait autorité, M. Moreau de Jonnès, rendant compte du mouvement de la population de la France pendant l'année 1846, écrivait (1) : « Les causes qui multiplient les enfants naturels sont nombreuses et variées. C'est surtout le célibat forcé de huit cent mille soldats, marins, invalides et autres... Il y a des occurrences inaperçues qui accroissent tout à coup, dans une localité, le nombre des enfants naturels. Dans les villes de garnison, l'augmentation de l'effectif des troupes ne produit aucun effet appréciable. Mais, dans les campagnes, la présence des militaires exerce une fâcheuse influence, à moins que des mœurs farouches, comme dans les départements de la Basse-Bretagne, ne les tiennent à l'écart de la population. Pendant la paix, il serait bien que, dans la distribution territoriale des troupes, cette influence fût prise en haute considération; car il en résulte des malheurs domestiques, une augmentation des dépenses

____

(1) *Annuaire de l'Économie politique* (1849).

publiques, et, ce qui est pis encore, un relâchement funeste du lien de famille. »

Nous nous sommes adressé, de divers côtés, à des personnes bien placées pour nous fournir les éléments statistiques de notre travail. La plupart de ces personnes sont d'accord pour signaler le système des armées permanentes comme l'une des causes principales du désordre des mœurs.

« Il faut savoir, » nous écrit le président de la société de Saint-François-Régis, de Metz, « qu'il y a beaucoup de naissances illégitimes dues à la nombreuse garnison de toutes armes que nous avons. Les soldats ne peuvent pas se marier, ou il est très-rare qu'ils en obtiennent la permission; ils laissent donc là, au moins au départ, les filles, ordinairement domestiques, qu'ils ont séduites ou fréquentées. »

« La garnison, » nous écrit M. le maire de Saint-Denis, près Paris, « contribue pour beaucoup dans le relâchement des mœurs. » Et il nous a été raconté à l'appui de cette assertion, que nous admettons, du reste, sans peine, des faits que nous rougirions de reproduire.

D'Alençon, de La Flèche, nous avons reçu des renseignements analogues. Dans la première de ces deux villes, on en est réduit à se féliciter de l'augmentation du nombre des *maisons* dites *de tolérance,* à qui l'on devrait de n'avoir pas vu s'accroître celui des naissances illégitimes en présence de l'augmentation de la garnison ! — A La Flèche, on se désole de la suppression d'un établissement de ce genre qui y a existé à plusieurs reprises !

Toutes ces observations trouvent leur confirmation dans un rapport du conseil central d'hygiène publique et de salubrité de la Seine-Inférieure, où on lit (1) qu'à Rouen, « ce

---

(1) *Travaux du Conseil en* 1865 (1866), p. 44.

sont plus généralement les villes de garnison qui fournissent l'appoint habituel à la prostitution. Dénuées de ressources, après l'abandon de leurs amants militaires, les filles n'ont d'autre refuge que les maisons de tolérance. »

Ce n'est pas seulement au point de vue de la moralité publique qu'il faut déplorer l'institution des armées permanentes, qui épuisent le budget de l'État, enlèvent des milliers de bras à la production et paralysent l'essor des travaux publics (1). Mais, en l'état actuel de l'Europe, combien de temps s'écoulera-t-il encore avant qu'une réforme aussi désirable

---

(1) Nous empruntons au *Journal de la Société de statistique* (novembre 1866) les lignes suivantes, qui méritent d'être méditées : « D'après des évaluations que nous considérons comme plutôt inférieures que supérieures à la réalité, l'Europe entretient, en temps de paix, un effectif de 3,815,847 hommes, et inscrit à son budget une somme de trois milliards et demi, ou 32 p. 0/0 du total de ses dépenses, pour subvenir aux frais de cette armée colossale.

« Supposons un instant que, par suite d'une entente entre les puissances intéressées, un désarmement s'opère dans la proportion de moitié :

« Immédiatement, 1,907,924 hommes de vingt à trente-cinq ans, constituant l'élite de la population de cet âge, sont rendus aux travaux de la paix, et une économie de 1 milliard 600 millions est réalisée sur l'ensemble des budgets européens. Avec cette somme, l'Europe peut ajouter à son réseau actuel (150,000 francs en moyenne le prix du kilomètre à une voie) 10,000 kilomètres de voies ferrées ; elle peut, en une seule année, compléter son réseau de voies de terre de toute catégorie ; elle peut doter toutes ses communes, et même toutes les sections de ses communes, d'une école primaire.

« Ces grandes améliorations une fois réalisées, l'Europe peut, si elle entend conserver la même somme à son budget, l'appliquer à la réduction progressive de sa dette. L'intérêt annuel de cette dette étant aujourd'hui d'environ 2 1/3 milliards, et cet intérêt, capitalisé au taux moyen de 4 p. 0/0, représentant un capital de 57 1/2 milliards, elle pourrait être éteinte (en ne mettant pas le compte des intérêts composés) en trente-six années environ. Si, au contraire, les pays intéressés entendaient appliquer les 1 milliard 600 millions ainsi économisés à la suppression ou à la réduction des impôts qui pèsent le plus sur la production et la consommation, quel allégement pour les populations ! quel essor nouveau donné à toutes les transactions!... »

7

et aussi vivement sentie s'accomplisse? Quand cesserons-nous de gaspiller notre temps, notre argent, nos forces, à chercher l'ennemi au delà de nos frontières, tandis que le véritable ennemi à redouter et à combattre aujourd'hui, l'ignorance, est au milieu de nous? La seule armée que nous ayons intérêt à entretenir, à notre époque, c'est une armée d'instituteurs : pour celle-là, nous n'aurons jamais trop de soldats (1)!

---

(1) Ces lignes datent de 1869. Qui pouvait alors prévoir les événements si douloureux de 1870!... S'il faut renoncer pour longtemps à l'espérance d'un désarmement, du moins, le système des armées permanentes est condamné sans retour. C'est à la nation entière qu'il convient de confier désormais la défense du sol de la patrie, et la réforme qui s'impose aux méditations des hommes d'État produira sans nul doute ce double résultat: donner éventuellement à la France plus de défenseurs que le mode actuel de recrutement; — préserver le pays des maux et des dangers de toutes sortes inhérents au système des armées permanentes.

VI

AGGLOMÉRATIONS

DÉSERTION DES CAMPAGNES

« Les hommes ne sont point faits pour être entassés
en fourmilières... Plus ils se rassemblent, plus ils se
corrompent. Les infirmités du corps, ainsi que les
vices de l'âme, sont l'infaillible effet de ce concours
trop nombreux. »

(J.-J. ROUSSEAU, *Émile*, livre 1er.)

« Les petites communes tendent à diminuer ou à rester
stationnaires, tandis que les grandes s'accroissent à peu près
sans relâche. » — Cette constatation, que nous trouvons
dans un récent document officiel (1), est affligeante, car il
est avéré que les agglomérations d'habitants favorisent les
unions illicites. Voici quelques chiffres qui le démontrent
avec évidence :

TABLEAU

---

(1) *Statistique de la France*, Population, 2e série, t. XVIII, Imprimeri
Impériale, MDCCCLIX.

ANNÉES.	DÉPARTEMENT DE LA SEINE.		POPULATION URBAINE.		POPULATION RURALE.	
	ENFANTS illégitimes.	NAISSANCES totales.	ENFANTS illégitimes.	NAISSANCES totales.	ENFANTS illégitimes.	NAISSANCES totales.
1853.	12,600	46,707	29,049	230,615	25,584	650,645
1854.	13,707	50,708	29,680	235,892	26,620	636,861
1855.	13,103	49,688	27,141	227,539	23,943	625,100
1856.	11,277	54,520	28,278	230,011	25,733	658,585
1857.	15,013	56,131	29,008	241,490	26,869	643,088
1858.	15,230	57,793	29,966	246,346	29,457	665,224
1859.	16,253	60,186	31,728	258,970	32,428	698,740
1860.	15,002	59,042	27,744	241,225	26,461	654,008
TOTAL. . .	115,461	433,775	232,504	1,933,088	218,007	5,232,860
Enfants illégitimes pour 100 naissances . .	26.62		12.03		4.17	

Ainsi, le département de la Seine, à lui seul, fournit proportionnellement deux fois plus d'enfants illégitimes que les villes, et six fois plus que les campagnes (1) !

On sait que le tiers seulement des enfants illégitimes est reconnu pour toute la France. Dans les campagnes, la proportion est plus favorable, puisqu'elle est environ de 40 p. 0/0. — Le nombre des mort-nés est moins considérable dans les campagnes que dans les villes et surtout que dans le département de la Seine; car le rapport des mort-nés au total des naissances (mort-nés compris), est approximativement, dans la Seine, de 6.85; — dans les villes, de 5.25; — dans les campagnes, de 3.90 p. 0/0. — Enfin, la durée de la vie

---

(1) A Paris, on a compté, pendant le mois de septembre 1869, 1 naissance illégitime pour 2.51 naissances légitimes ! (*Bulletin de statistique municipale* septembre 1869.)

moyenne, qu'on la déduise du rapport des naissances aux habitants ou de l'âge moyen des décédés, est plus longue dans les campagnes que dans les agglomérations urbaines.

De tous ces faits, M. Legoyt (1) tirait la conclusion que « le mouvement de concentration qui s'opère si manifestement depuis quelques années en France doit exercer un jour la plus regrettable influence sur la situation sanitaire et morale des populations. »

Tandis que, de 1801 à 1861, la France n'a augmenté en population que de 31 1/2 p. 0/0, Paris a augmenté de plus de 300 p. 0/0 pendant le même espace de temps! Et si, avec les documents officiels, on considère comme *urbaine* la population totale des communes comptant plus de deux mille habitants agglomérés, et comme *rurale* celle des communes d'un moins grand nombre d'habitants, on trouve que la répartition proportionnelle des deux populations s'est successivement modifiée, d'après les derniers recensements, ainsi qu'il suit :

	1846	1851	1856	1861	1866
Population urbaine.	24.42	25.52	27.31	28.86	30.46
— rurale.	75.58	74.48	72.69	71.14	69.54
			100		
Accroissement p. 0/0 de la population urbaine. .	»	**1.10**	**1.79**	**1.55**	**1.60**

Ce qui est surtout remarquable, et en même temps déplorable, c'est l'accroissement prodigieux de Paris depuis

---

(1) *Du mouvement de la population dans les villes et les campagnes.* (*Journal de la Société de statistique de Paris,* août 1861.)

uno quinzaino d'années. Cotto congestion do toutes les forces vives do la France vers un mêmo point, tandis quo nos provinces languissent dans uno mortello atonio, est uno vraie calamité, maintes fois signaléo au nom do la morale et do la sécurité publiquo. Les travaux gigantesques ontrepris do tous côtés, dans la capitale, y ont attiré uno masso d'ouvriers de touto profession qui, à un momont donné, pourront devenir un embarras des plus sérieux.

Il y aurait pourtant possibilité, c'est notro conviction, sinon d'arrêter, du moins do modérer co mouvomont furoste d'émigration des campagnes vers les villes.

Il est certain, en effet, quo si l'aisanco et lo bonheur régnaiont davantago dans les campagnes, les populations seraient moins portées à les quitter pour aller chercher dans les villes du pain ou un bien-êtro plus apparent quo réel. Lo problème à résoudro serait donc celui-ci : constituer des avantages sérieux en faveur de la vio agricolo; or, co problème serait à moitié résolu si les grands propriétaires n'étaient les premiers à donner lo signal do la désertion; — si, au lieu do so laisser entraîner à vivro do cetto existoncè factico et bruyanto do la capitalo, ils résidaient d'uno manièro permanento dans lcurs domaines, répandant autour d'eux l'aisanço par lo travail.

Mais, pour retenir les grands propriétaires à la campagné, il faut les y intéresser, en leur donnant maintes occasions d'occuper utilemont leurs loisirs et d'acquérir une justo influence. Pour combattre co qu'on est convenu d'appeler l'*absentéismo* et ses fàcheux effets, lo plus sûr moyen serait quo lo gouvernement renonçât uno bonno fois à co systèmo étroit qui, en multipliant les formalités compliquées et les lenteurs inutiles, désintéresso les citoyens do la gestion de leurs propres affaires, paralyso l'initiative individuelle,

énervo lo pays (1). La décentralisation, qu'il no faut·pas sq
lasser do réclamer pour rendro à la vio provincialo l'activité
et la dignité qu'ello a perdues, consisto à transférer des attri-
butions nouvelles des agents do l'État aux mandataires des
citoyens, et non pas sculemont do l'un à l'autro des agents
de l'État, commo on l'a fait en 1852 et en 1861. En substi-
tuant à uno excessivo centralisation un régimo vivifiant et
franchement libéral, lo gouvernement relèverait les mœurs
publiques, diminuerait lo nombro, si élevé chez nous, des
fonctionnaires do tout ordro, et exciterait la légitimo ambition d'hommes qui, fauto d'aliment à leur activité, so laissent
aller aux loisirs stériles des grandes villes. « Co n'est pas la
concentration des pouvoirs, mais la virilité des particuliers
et l'énergio des caractères qui font les grandes nations (2). »

Il serait d'uno sage et habilo politiquo, nous no saurions
trop lo répéter, d'élargir les libertés municipales et départementales, en réservant certaines fonctions aux propriétaires
éclairés et considérés do la contréo. Fixés au sol, ils y appor-
teraient tous leurs soins et tous leurs capitaux. « Ils écar-
teraient ces fonctionnaires nomades qui, nés au midi et
transplantés au nord, sont et restent étrangers aux populations qu'ils administrent, à leurs mœurs, à leurs besoins, et
no travaillent qu'en vuo do leur avancement. Aussi insou-
cieux de l'intérêt du pays quo des envoyés en mission, ils no
sont attentifs qu'aux oscillations du pouvoir central, dont ils

____

(1) L'illustro auteur do *la démocratie en Amériquo* a admirablement caractérisé d'un seul mot la centralisation administrative : « Ello excello à empêcher, non à faire. » Les peuples qui s'y soumettent ont « do la tranquillité
sans bonheur, do la stabilité sans force, do l'ordre matériel sans moralité publiquo. » (T. Ier, p. 151.)

(2) *Congrès scientifiquo* do 1865. Discussion sur un travail do M. Lapé-
rouse.

dépendent. Les regards toujours tendus vers les caprices parisiens, ils ne voient ni n'étudient la contrée confiée à leurs soins, y font du despotisme aujourd'hui, de l'anarchie demain, du zèle toujours, de l'utilité par exception. Les remplacer par des hommes identifiés avec le pays, instruits de ses tendances, intéressés à son amélioration, et joignant à l'autorité de la fonction l'autorité de leur personnalité, serait-ce chose déplorable et faiblesse pour le pouvoir (1)?»

Nous ne nous dissimulons pas que l'aversion de la femme pour une existence tout entière passée à la campagne ne soit l'une des causes qui souvent empêchent son mari de résider d'une manière permanente dans ses propriétés rurales; mais ceci est l'affaire de l'éducation. Quand on aura donné à la femme l'éducation forte et sérieuse que nous demandons pour elle, elle saura « se passer des vaines excitations de la vanité pour se contenter du bonheur paisible qu'on trouve dans la famille et dans cette direction du travail agricole, toujours semée d'incidents nouveaux et accompagnée de satisfactions inattendues dès qu'on s'y intéresse. Pour aimer la nature, c'est assez d'apprendre à entrevoir ses opérations merveilleuses. La moindre connaissance des lois qui régissent la vie végétale et animale suffit pour qu'on se plaise à en suivre les diverses applications aux champs ou dans l'étable. Bientôt, à tous les spectacles que l'art crée dans les villes pour la curiosité oisive, on préférera ceux mille fois plus splendides qu'offrent les prés, les bois, les campagnes, la nuit étoilée, et le jour, dans l'infinie variété des heures et des saisons : les fêtes qui consacrent les phases principales des travaux champêtres feront oublier toutes

---

(1) *Journal des Économistes* (septembre 1854). *Une excursion en Sologne.*

celles qui se donnent dans ce qu'on appelle le monde (1). »

Nous sommes fermement convaincu, avec l'auteur auquel nous avons emprunté les lignes qui précèdent, de tout ce que ferait pour la prospérité de l'État et la félicité privée un retour général des classes aisées vers les intérêts agricoles. L'extension des voies ferrées et l'amélioration des chemins vicinaux permettront, de plus en plus, aux riches propriétaires de résider à la campagne sans s'éloigner complétement de la vie sociale ou publique. Que le gouvernement, par une véritable décentralisation, rende donc à ces riches propriétaires l'occasion de s'occuper utilement des intérêts locaux et d'acquérir une légitime influence; ce sera, nous le répétons, le plus sûr moyen de combattre l'*absentéisme*. Et alors le paysan, l'ouvrier, suivront l'exemple qui leur sera donné de haut : la certitude de trouver dans la vie des champs moins de privations, plus de travail, plus de bien-être en un mot, rendra, pour la plupart d'entre eux, l'émigration sans attrait.

L'agriculture ne sera jamais trop encouragée. Pourquoi n'y aurait-il pas, à l'exemple de la Médaille militaire, une médaille spéciale, donnant droit, comme celle-ci, à une petite pension viagère, pour les meilleurs ouvriers agricoles, pour ces obscurs soldats de la paix, dont il importerait de rehausser, à leurs propres yeux et aux yeux de tous, les modestes services?

L'instruction bien comprise devant être appropriée aux positions, aux besoins de ceux qui la reçoivent, on a peine

---

(1) M. Émile DE LAVELEYE, *Économie rurale de a Belgique*. (*Revue des Deux-Mondes*, 1862, t. II, p. 74 et 75.)

à s'expliquer que les éléments de l'agriculture ne soient pas au nombre des matières *obligatoires* de l'enseignement dans les écoles primaires rurales et dans les écoles normales. Le législateur s'est contenté de ranger ces notions, si essentielles pour des enfants destinés à vivre de la vie agricole, dans les matières *facultatives* de l'enseignement (1)! — Cette lacune, contre laquelle les conseils généraux s'élèvent chaque année, et qui a été unanimement signalée dans l'enquête agricole, l'avait été, en 1861, par un grand nombre d'instituteurs (2), comme étant l'une des causes de la désertion des campagnes. Voici comment quelques-uns s'exprimaient à ce sujet :

« L'enseignement primaire actuel est une des causes de la dépopulation des campagnes. En effet, on enseigne dans les écoles de villages les mêmes choses que dans celles des villes. » *(Orne.)*

« Les imperfections et les insuffisances de l'enseignement rural contribuent à cette désertion. » *(Eure.)*

« D'où vient l'émigration des campagnes? D'une seule et unique cause : d'une instruction primaire mal conçue et mal donnée. On a voulu faire des savants, lorsqu'il ne fallait faire que des cultivateurs. » *(Eure-et-Loir.)*

« Il faut donner dans les écoles rurales un enseignement pratique et agricole approprié à l'état du paysan. » *(Maine-et-Loire.)*

---

(1) Loi du 15 mars 1850, article 23; — Règlement du 24 mars 1851 sur les écoles normales primaires, article 1er.

(2) Mémoires produits, en 1861, dans le concours ouvert entre les instituteurs par le ministère de l'instruction publique.

« Quelques années de séjour à l'école suffisent parfois pour dégoûter les enfants du travail des champs. Le remède au mal se trouve dans l'enseignement agricole. »

(Haute-Loire.)

« Lorsqu'un petit nombre d'élèves plus assidus ont acquis quelques connaissances, aussitôt leurs parents veulent en faire des *bourgeois*, des *monsieurs*. Ce n'est que par l'enseignement agricole que l'instruction primaire profitera aux campagnes et ne sera plus un titre pour les abandonner. »

(Saône-et-Loire.)

« Cette tendance à la désertion des campagnes a sa source dans le dédain de l'agriculture et dans la mauvaise direction de l'instruction primaire. »

(Aude.)

« L'instruction primaire devrait être appropriée aux besoins des cultivateurs; telle qu'elle est donnée aujourd'hui, elle éloigne souvent de la culture de la terre. »

(Indre-et-Loire.)

« Les populations rurales montrent du dégoût pour l'agriculture; il faut y remédier par l'enseignement agricole pratique. »

(Var.)

« L'école rurale doit avoir pour but d'arrêter ce torrent d'hommes qui va inonder les villes au détriment des campagnes. »

(Corse.)

« Par une instruction primaire bien donnée, chacun comprendrait et accepterait mieux sa destinée. »

(Hautes-Alpes.)

« Le meilleur des instituteurs serait celui qui inspirerait aux jeunes paysans le goût de l'agriculture et l'amour du lieu où ils vivent. »

(Moselle.)

De tous les points de la France, la conclusion était la même : donner l'éducation agricole dans les écoles rurales. L'enquête qui a eu lieu récemment reproduit les mêmes vœux. Quand y donnera-t-on satisfaction?

L'article 16 de la loi du 10 avril 1867 a ajouté aux matières *obligatoires* de l'enseignement primaire les éléments de l'histoire et de la géographie de la France. Quant aux notions d'agriculture, il n'en a point été question; elles continuent à figurer parmi les matières *facultatives*. Nous sommes loin de contester l'utilité des éléments de l'histoire de France pour des enfants qui seront un jour des citoyens français; mais les notions d'agriculture sont-elles donc moins indispensables aux habitants des campagnes? « Un Français », lisons-nous dans le rapport de M. Chauchart, « ne doit pas être comme un étranger sur le sol où il est né, où il vivra. Il ne doit pas demeurer dans une ignorance absolue de ce qui s'est passé autrefois dans son pays. » Cela est vrai; mais ne peut-on pas dire avec autant de vérité : « Un enfant ne doit pas être comme un étranger sur le sol où il est né, où il vivra; il ne doit pas demeurer dans une ignorance absolue de la profession à laquelle il est appelé et à laquelle il convient, par conséquent, de le préparer de bonne heure » ?

Au moins pour les écoles rurales, il est certain que l'enseignement de l'agriculture et de l'horticulture serait beaucoup plus utile. L'enfant, d'ailleurs, pourrait apprendre l'histoire de son pays à l'aide de bons livres de lecture qui seraient placés dans la bibliothèque scolaire. L'enseignement agricole a été à bon droit qualifié par un éminent économiste de « véritable enseignement primaire de la France » (1).

---

(1) M. Michel CHEVALIER, *Cours d'économie politique*, 1842-1843, discours d'ouverture.

La dissémination des ateliers industriels dans les campagnes serait aussi bien désirable. Le gouvernement ne pourrait-il la favoriser au moyen d'une exemption temporaire ou d'une diminution d'impôts ? Le travail industriel et les occupations agricoles pouvant se concilier dans une certaine mesure, la même famille contiendrait le laboureur et l'ouvrier. Les ressources qui manqueraient d'un côté seraient suppléées momentanément par les produits qui viendraient de l'autre. L'aisance augmenterait ainsi dans les champs et contribuerait à y retenir la jeunesse des deux sexes que la faim pousse vers les villes pour y trouver une existence toujours précaire, souvent aventureuse.

VII

DIFFICULTÉS, POUR LES FEMMES,

DE TROUVER UN TRAVAIL SUFFISAMMENT RÉMUNÉRATEUR

« Éperdues de besoin, exaspérées par le désespoir, elles jettent les yeux sur ce corps qui ne peut les nourrir par le travail, et se souviennent qu'elles sont belles, ou, sinon belles, femmes. »

(M. E. LEGOUVÉ, *Histoire morale des femmes*, p. 371.)

« La question économique est importante : la question morale l'est plus encore. Qui donc ne voit pas qu'il y va de tous les sentiments délicats, probes, civilisés dans la moitié de l'espèce humaine, qu'il y va de l'avenir même ? »

(M. H. BAUDRILLART, *La liberté du travail, l'association et la démocratie*, p. 285.)

Il est impossible de nier que la principale cause de la dépravation de la plus intéressante moitié du genre humain ne soit l'indigence ou la difficulté de trouver dans un travail suffisamment rémunérateur des moyens d'existence. Ainsi s'expliquent tant de désordres qui n'ont point d'autre cause. Les généreux efforts tentés depuis quelques années pour élargir le cercle des occupations accessibles aux femmes témoignent de la réalité et de l'étendue d'un mal auquel il est urgent de remédier. Tout succès dans cette voie amènera infailliblement un progrès dans la moralité publique.

Si le travail des femmes est aussi peu rémunéré (1), cela tient principalement à ce que, les métiers qui leur sont dévolus étant en petit nombre, tandis que les offres de service sont considérables, les ouvrières sont, par la force des choses, contraintes de supporter les conditions qu'on leur impose. — Ce qui fait aussi une concurrence désastreuse aux pauvres ouvrières, ce sont les maisons de refuge et les couvents qui accaparent, en avilissant le prix de main-d'œuvre, ce qui donnerait de quoi vivre aux travailleuses du dehors. Celles-ci ont, de plus, à subir la concurrence du travail des prisons. — Enfin, ce qui nous paraît encore plus triste, quelques-unes des professions qui sembleraient devoir appartenir exclusivement aux femmes sont envahies par les hommes. Jean-Jacques Rousseau se plaignait déjà d'un mal qui n'a fait qu'empirer. « En voyant », dit-il (2), « des marchands de modes vendre aux dames des rubans, des pompons, du réseau, de la chenille, je trouvais ces parures délicates bien ridicules dans de grosses mains faites pour souffler la forge et frapper sur l'enclume. »

Dans son *Histoire morale des femmes* (3), M. E. Legouvé réclame avec chaleur contre la concurrence masculine dans les travaux purement féminins. « Il faut », s'écrie-t-il, « que les êtres qui ne peuvent être ni soldats, ni forgerons, ni menuisiers, ni gens de peine (ici l'honorable académicien se trompe : la femme *homme de peine* existe; on la rencontre à chaque pas dans nos rues), ne voient pas envahir le peu de métiers qui leur sont permis. Que font dans les magasins de soieries et de nouveautés tous ces grands

<hr>

(1) « Vivre à Paris avec 200 ou 300 francs de revenu, tel est le problème imposé à de pauvres filles que l'on compte par milliers. » (M. Henri BAUDRILLART, *La liberté du travail, l'association et la démocratie*, p. 91.)

(2) *Émile*, livre III.

(3) P. 372 et 373.

jeunes gens qui exercent leurs bras vigoureux à auner des étoffes ou à débiter des rubans ! Arrière, messieurs, arrière ; non-seulement vous n'êtes pas à votre place, mais vous usurpez celle d'autrui. »

Alphonse Karr est revenu souvent sur ce sujet : « Il faut », dit-il, (1) « je le répète, que les mœurs et les idées ramènent la société à faire pour les femmes ce qu'elle fait de son mieux pour les hommes ; leur donner le moyen de vivre en travaillant.

« Eh bien ! dans l'état actuel des choses, tant de pauvres filles tombées dans le désordre, tant d'infanticides, tant de cadavres de femmes trouvés dans les rivières ou dans les mansardes, auprès d'un fourneau, doivent plaider plus éloquemment mille fois en faveur d'une réforme que ni moi ni aucun autre nous ne le pourrions faire. Mais ce n'est pas aux lois qu'il faut avoir recours pour arriver à ce résultat, c'est aux idées, c'est aux mœurs qui, seules, font les lois durables ; c'est au bon sens, à la générosité publique qu'il faut faire appel. Il faut que tout doucement l'homme arrive à être frappé de deux sentiments, l'un de honte de ne pas employer ses forces, l'autre de pitié de voir qu'il usurpe le pain d'une pauvre femme. »

Nous avons demandé à plusieurs chefs de maisons de nouveautés pourquoi il n'employaient pas des femmes ou des jeunes filles de préférence à des commis qui leur coûtent plus cher. Ils nous ont répondu que leurs clientes aimaient généralement mieux avoir affaire à des jeunes gens, et que le chiffre de leurs recettes baisserait d'une manière notable, s'ils adoptaient la réforme que nous leur recommandions. — En dépit de cette réponse qui nous a confondu, nous n'hésitons pas à croire que des dames se mettraient

---

(1) *Encore les femmes,* chapitre xiii.

volontiers à la tête d'une croisade dont le but serait de se fournir exclusivement dans des magasins occupant des femmes. L'idée peut paraître originale. Elle l'est, en effet; mais pourquoi ne ferait-elle point son chemin si quelques dames voulaient l'accueillir et la patronner auprès de leurs amies? Cette petite coalition d'un nouveau genre amènerait assurément dans l'avenir un grand et heureux résultat.

La grève récente des commis de nouveautés aura eu peut-être l'avantage de faire avancer la question du remplacement des hommes par les femmes dans des occupations qui appartiennent à ces dernières. par destination naturelle. Quelques maisons importantes de Paris, entre autres celle du *Louvre* et des *Statues-de-Saint-Jacques,* ont remplacé leurs commis turbulents et exigeants par des jeunes filles infiniment plus dignes d'intérêt, et les patrons se louent de l'expérience qu'ils n'ont tentée que par la force des choses. Nous nous en réjouissons : il faut que la presse, le sacerdoce, tous les hommes qui ont quelque influence sur l'opinion publique poussent la société dans cette voie.

Il y a des carrières tout indiquées pour les femmes, et qui auraient cet immense avantage de leur permettre de travailler à domicile, tout en vaquant aux soins domestiques. Est-ce que le dessin, la gravure, la peinture sur émail et sur porcelaine, etc., ne pourraient pas être cultivés par elles avec succès si un apprentissage spécial les y préparait, si on s'occupait sérieusement de multiplier des écoles professionnelles semblables à celles qui existent à Paris ?

Est-ce qu'il n'y a pas certaines professions libérales où l'intervention de la femme serait désirable au point de vue de l'intérêt général ? Nous citerons, par exemple, l'exercice de la médecine dans son application aux maladies des femmes et des enfants. — Est-ce que l'emploi plus étendu de la femme dans l'enseignement primaire, à l'instar de ce qui se pratique avec succès dans l'Amérique du Nord, ne serait pas également possible et avantageux ? — Aux États-Unis, ce sont des femmes qui dirigent presque toutes les écoles, et on s'en applaudit. Pourquoi, en France, ne pas confier au moins la direction de toute école mixte à des femmes ? « A connaissances égales, la femme communique mieux ce qu'elle sait aux enfants que les hommes. Elle a moins de raideur, de sécheresse et de pédantisme, plus de patience, d'imagination et de douceur... ; l'école n'est plus ainsi cette prison sombre, hérissée de punitions et d'ennui, que l'enfant redoute : c'est comme un prolongement du foyer domestique où règne le doux esprit de la famille, et où la sœur aînée instruit ses frères et sœurs cadets (1). »

Dans son beau livre : *L'École*, M. Jules Simon a émis le même vœu : « On cherche des carrières pour les femmes : la carrière d'institutrice est celle qui leur convient le mieux ; la nature les y a, pour ainsi dire, destinées. Elles sont institutrices, parce qu'elles sont mères (2). »

Il faut absolument, la justice le veut, et l'intérêt social le commande, il faut créer de nouvelles carrières pour la femme, et, comme on l'a dit, effacer entre elle et l'homme, jusqu'au point où cela est possible, l'inégalité de services d'où provient l'inégalité de récompenses.

Plus les femmes trouveront des occupations honnêtes leur donnant les moyens de subsister, moins grand sera le nombre de celles qui sont fatalement condamnées au célibat et dont la débauche fait si souvent sa proie.

---

(1) M. Émile DE LAVELEYE, *De l'instruction du peuple au* XIXe *siècle.* (*Revue des Deux-Mondes*, 1865, VI.)

(2) P. 173.

Cette question du travail des femmes a inspiré, dans ces dernières années, de remarquables études; elle est désormais à l'ordre du jour : nulle ne devrait préoccuper davantage la société entière, car pour elle « c'est une question de vie ou de mort (1). »

---

(1) M. Jules SIMON, préface de *l'Ouvrière*, p. IX.

VIII

MÉLANGE DES SEXES

DANS LES ATELIERS ET FABRIQUES

« N'est-il pas à craindre que les opinions libres et quelquefois immorales qui ont cours parmi les ouvriers ne se communiquent à leurs compagnes ? Quand même elles échapperaient aux autres périls, il est presque impossible que leur esprit demeure chaste. »

(M. Jules Simon, *l'Ouvrière*, p. 81.)

Le travail isolé, qui seul conviendrait aux femmes, devient malheureusement de plus en plus rare et improductif. La nécessité d'avoir du pain dominant toutes les autres, la jeune fille, la femme mariée se trouvent arrachées à leur vocation naturelle et entraînées dans les grands ateliers. Il y a là déjà un grave péril pour les mœurs et pour la famille qui en est la principale école. Ce péril, nul ne l'a signalé avec plus de cœur et de généreux accents que l'auteur de *l'Ouvrière*.

Lorsque l'atelier où travaillent la femme, la jeune fille, est mixte, le danger est encore plus grand. Comment ne pas redouter pour elles ce contact perpétuel avec des hommes souvent grossiers, dépourvus de toute éducation, ou bien les honteuses convoitises d'un contre-maître perverti ou d'un patron corrupteur ? Que d'ignobles propos tout au moins peuvent souiller leurs oreilles !

Il ne s'agit pas, hélas ! d'un mal éphémère qu'on puisse se flatter de guérir radicalement : c'est la conclusion navrante à laquelle sont arrivés tous ceux qui ont étudié la question ; mais il est, à coup sûr, atténuable. Une sage discipline intérieure (1) amoindrirait beaucoup les inconvénients inhérents au mélange des sexes ; les heures d'entrée et de sortie pourraient varier pour les hommes et les femmes ; les issues pourraient être différentes. C'est ce qui a lieu dans un certain nombre d'établissements (2), et cette mesure, sans être bien efficace, serait cependant très-utile à généraliser.

---

(1) En présence de l'inertie et de l'indifférence coupable de tant de patrons à cet égard, on ne peut s'empêcher de songer aux rigoureuses prescriptions qui, dans les anciennes corporations d'arts et métiers (dont, bien entendu, le rétablissement n'est pas à solliciter), avaient pour but d'assurer le respect des mœurs : Mlle J. V. Daubié, dans son *Mémoire sur l'amélioration du sort des femmes*, couronné par l'académie de Lyon, en 1859, les rappelle en ces termes : «.. Le concubinage, cet état presque normal aujourd'hui d'une si grande partie de nos populations ouvrières, était tellement flétri autrefois, que les statuts des corporations défendaient d'admettre un concubinaire, et que la moindre irrégularité dans les mœurs était un motif d'exclusion de toute communauté.

« On abattait publiquement l'ouvroir ou l'atelier du maître et de la maîtresse dont la conduite n'était point exemplaire. Un maître étranger, allant habiter une ville avec une femme, n'était pas admis avant d'avoir fait justifier de la célébration de son mariage, que les statuts lui imposaient parmi les obligations de sa charge.

« Défense était faite aux tisserands et ouvriers de *gracieuser* les filles de leurs confrères, s'ils n'avaient point l'intention de les épouser.

« L'apprenti même, soupçonné d'avoir courtisé une femme sans motif honnête, était déchu de ses droits à la maîtrise, et le séducteur exclu de toutes les corporations.

« On prononçait une amende de trois à six livres contre celui qui, pendant le travail de l'atelier, proférait des blasphèmes, des paroles obscènes, des railleries. »

(2) M. Jules Simon, *l'Ouvrière*, p. 148 ; M. H. Baudrillart, *La liberté du travail, l'association et la démocratie*, p. 205 ; M. Audiganne, *Les populations ouvrières*, t. I, p. 168 et 191.)

Quelques patrons font mieux que cela. Ils donnent l'exemple des vertus privées et savent encourager la bonne conduite de leurs ouvriers et ouvrières par des récompenses spéciales. Ainsi MM. Bourcart donnent une dot de 100 francs à toute ouvrière qui veut se marier après avoir travaillé cinq ans dans leur maison. Chaque année, ils payent les frais d'exonération du service militaire à celui de leurs jeunes ouvriers qui s'est fait distinguer par sa conduite et son travail (1).

Nous signalerons aussi quelques essais de moralisation des jeunes filles « très-importants comme faits, plus encore comme germe et comme symptôme » (2). A Jujurieux, à la Seauve, à Tarare, des fabricants ont établi des maisons où les jeunes filles font, sous la surveillance de religieuses, leur apprentissage qui dure trois ans. Ce casernement, qui en lui-même est un mal, et contre lequel certains esprits se sont récriés, est néanmoins un grand bienfait pour les familles pauvres, car l'empressement qu'elles ont mis à l'accepter témoigne de la réalité du danger auxquels leurs enfants auraient été exposées dans des villes telles que Lyon et Saint-Etienne.

A Mulhouse, M. Emile Kœchlin, pour soustraire aux périls de l'isolement les filles séparées de leur famille ou sans parents, a imaginé de louer dans la cité deux maisons pour en faire des hôtels garnis, uniquement réservés à leur usage, où, moyennant 10 francs par quinzaine, elles sont logées, nourries, blanchies. Une famille honnête est chargée de veiller sur elle et sur tous leurs besoins.

---

(1) M. Eugène VÉRON, *Les institutions de Mulhouse et des environs,* p. 97.
(2) M. Henri BAUDRILLART, *La liberté du travail, l'association et la démocratie,* p. 297.

M. Eugène Véron, à qui nous empruntons ces détails, ajoute (1) que cette institution, peu appréciée dans le principe, par celles-là même en vue desquelles elle avait été créée, a fini par être mieux connue et goûtée. Tout fait donc espérer qu'elle rendra les services qu'en attendait son honorable fondateur.

Le volume publié en 1867 sous le titre de : *Exposition Universelle de 1867 ; Enquête du X° groupe*, a fait connaître ce qu'un certain nombre de chefs d'industries, tant en France qu'à l'étranger, ont tenté pour atténuer les inconvénients du mélange des sexes dans les ateliers. Les indications qu'on y trouve sont précieuses et consolantes à la fois, car il est permis d'espérer que ce que des patrons ont fait dans un haut intérêt de moralité, d'autres voudront l'essayer à leur tour.

Pour la moralisation des ouvrières, il faut compter sur le concours des femmes des manufacturiers, comme il faut avoir foi en ceux-ci pour l'amélioration matérielle et morale de leurs ouvriers. L'exemple des Dollfus, des Kœchlin, des Bourcart, des Goldenberg, etc., etc., produira plus ou moins prochainement une salutaire contagion ; « la vie industrielle se purifiera de tout ce que le passé y a joint de moyens immoraux de s'enrichir (2). »

Il nous paraît impossible que des femmes qui sont favorisées de tous les biens d'ici-bas, qui ont toutes les joies de l'épouse et de la mère, ne songent pas à celles à qui ces

---

(1) P. 98.

(2) M. Ch. Dunoyer, *Examen de quelques reproches adressés aux tendances industrielles de notre temps.*

joies sont interdites et pour qui la vie n'est qu'une suite continuelle de luttes et de misères. C'est bien par excellence leur cause, « puisque c'est la cause de tout ce qui porte un cœur généreux (1). »

---

(1) M. Jules SIMON, préface de *l'Ouvrière*.

IX

TRAVAIL PRÉCOCE ET EXCESSIF

DES ENFANTS DANS LES ATELIERS ET MANUFACTURES

« N'est-ce pas un déplorable spectacle que celui que
donne la civilisation à ses deux extrémités? Elle dé-
bute et finit également par l'oppression des faibles.
Parmi les tribus encore à demi sauvages, c'est la
femme que l'on opprime et que l'on dégrade ; dans les
sociétés les plus avancées, c'est l'enfant. »

(Léon FAUCHER, *le Marché aux enfants.*)

Le travail précoce et excessif des enfants dans les ateliers et manufactures est un grand mal, une source de
démoralisation. Que de pauvres petits êtres se sont perdus
corps et âme dans la poussière et le désordre des fabriques,
pour quelques sous par jour qu'ils rapportaient à leurs
parents !

Dès la fin du siècle dernier, des voix généreuses s'élevèrent en faveur de l'enfance, et réclamèrent énergiquement
l'intervention du législateur. — C'est en Angleterre, où le
mal avait été porté à son comble, que parurent les premières dispositions législatives destinées à y mettre un
terme. En France, le mal n'était pas aussi grave ; cependant
il fut jugé assez profond pour qu'on reconnût la nécessité
d'opposer une barrière à ses ravages. Tel fut le but de la
loi du 22 mars 1841. Ce but a-t-il été atteint? Non, ou,
du moins, dans une mesure trop imparfaite. Tout le monde,

en effet, est d'accord sur le peu d'efficacité de cette loi (1).
Si elle est exécutée dans quelques localités, c'est grâce au
bon vouloir des chefs d'industrie eux-mêmes, et l'Alsace,
sur ce point comme sur tant d'autres, donne un généreux
exemple. « Dans le Haut-Rhin, la plupart des patrons
exigent rigoureusement que les enfants suivent avec régularité les cours de l'école primaire, et, pour que les familles
n'aient pas à souffrir de la diminution du travail de l'enfant, presque partout on lui tient compte, comme travail
effectif, du temps passé à l'école. Dans les manufactures
isolées ou dont l'éloignement est trop grand des écoles
communales, on a établi des écoles dans la manufacture
elle-même, et l'instituteur est payé par le fabricant (2). »

De nombreuses sociétés de patronage, catholiques, pro-
testantes, israélites, laïques, congréganistes, existent en
faveur des jeunes apprentis et ouvriers. Leur action est
des plus salutaires ; il faut souhaiter qu'elle s'étende et se
propage. Que les conseils municipaux, les conseils généraux, l'État, favorisent la création et le développement
d'œuvres aussi méritoires en mettant à la disposition des
comités un local, des subventions, des livres, des livrets de
caisse d'épargne. Un grand bien sera produit. Que le gouvernement honore par un témoignage public d'estime, par
la croix de la Légion d'honneur, les patrons qui montrent le
plus de souci de l'amélioration matérielle et morale des

---

(1) Au moment ou nous écrivions ces lignes, le gouvernement venait de
saisir le Sénat d'un projet de loi examiné par le Conseil d'État et destiné
à remplacer la loi de 1841. Il est malheureusement à craindre que les événements si graves et si douloureux survenus en 1870 ne fassent oublier pour
quelque temps ce projet si impatiemment attendu et n'ajournent ainsi encore
des améliorations vivement réclamées.

(2) M. Eugène VÉRON, *Les Institutions de Mulhouse et des environs.*

jeunes ouvriers qu'ils emploient : cela vaudra mieux et sera plus efficace que la création d'une nouvelle catégorie de fonctionnaires pour veiller plus ou moins à l'exécution de la loi.

La proposition de créer des inspecteurs salariés a été souvent mise en avant. Nous ne l'appuierons pas. Si elle était adoptée, nous craindrions que la plupart de ces emplois ne fussent donnés à des favoris, à des avocats sans cause, à des médecins sans clientèle, et ne devinssent de véritables sinécures. D'ailleurs, nous nous récrions contre cette tendance à tout ramener à l'action du gouvernement ou de l'administration, tendance qui finit par dépouiller les administrés de toute initiative et, partant, des devoirs, des labeurs, auxquels se reconnaissent les citoyens des sociétés libres. « Votre système d'inspection salariée », disait à la Chambre des pairs (février 1848) M. le comte Pelet de la Lozère, « non-seulement créera une nouvelle dépense, mais rendra plus profonde encore l'altération de nos mœurs publiques, déjà si altérées par cette situation que la moitié de la France est payée pour administrer l'autre. »

Pour donner une idée de ce qu'on peut attendre de l'initiative privée, nous croyons intéressant de mentionner ici l'œuvre dite des *Enfants du papier peint*, fondée à Paris, en 1864, dans des circonstances qui méritent d'être rapportées.

Quelques enfants se livraient à des jeux bruyants, rue de Picpus, et troublaient une lecture faite à des femmes pauvres et âgées par une sœur de Saint-Vincent-de-Paul. Invités par cette sœur à choisir d'autre jeux, à lire par exemple des livres amusants qui leur seraient prêtés, ces enfants, âgés de quatorze à dix-sept ans, avouèrent qu'ils ne savaient pas lire, et qu'ils n'avaient pas fait leur première communion. Sur la proposition bienveillante de la sœur, ils acceptèrent de recevoir d'elle des leçons de lecture et d'écriture, et de suivre le catéchisme. Une première séance eut lieu sur-le-champ, et, le lendemain, vingt-huit enfants se présentèrent, qui vinrent assidûment chaque jour, apprirent à lire, écrire, compter, et firent leur première communion.

Ceci se passait en 1863. L'année suivante, plus de cent enfants, entraînés par l'exemple, suivirent les leçons des sœurs. En 1865, les enfants étaient au nombre de deux cents admis; la place manquait pour en recevoir davantage. Ces enfants appartenaient, la plupart, aux manufactures de papier peint groupées dans le faubourg Saint-Antoine. Ils venaient aux cours du soir, après avoir travaillé onze et même douze heures, ayant à peine trouvé le temps de manger, et après avoir fait une longue course, mal vêtus, par un temps quelconque !

L'attention des manufacturiers a été appelée sur cette tendance toute spontanée des enfants vers l'éducation et l'instruction. Ils ont compris le parti qu'ils pouvaient tirer en moralisant ces enfants, et en préparant, pour l'avenir, des ouvriers instruits et honnêtes. — Une société s'est constituée pour rechercher et appliquer tous les moyens propres à secourir, moraliser, instruire les enfants du papier peint.

Ces enfants sont dans la situation la plus précaire. N'étant ni apprentis, ni ouvriers, ils n'appartiennent pas à la maison où ils travaillent; ils sont embauchés par l'ouvrier (patron) qui les emploie, les paye et en use comme il lui convient, sans que le chef d'établissement ait pour ainsi dire à intervenir.

La société, qui se préoccupe de cet état de choses, a résolu d'ouvrir une maison dans laquelle les enfants se rendront en l'absence du patron, où ils seront accueillis lorsqu'ils n'auront pas d'ouvrage, et logés lorsqu'ils n'auront pas de famille, où enfin les patrons viendront les embaucher en traitant directement avec l'administration de l'œuvre.

Voilà ce qu'a produit l'initiative privée ! — On lui doit aussi la création d'une *société de protection pour les apprentis et les enfants des manufactures,* dont le but est d'améliorer, par tous les moyens en son pouvoir, la condition de ces enfants et apprentis. Pour y arriver, elle décerne des récompenses aux industriels et aux agents de l'industrie qui ont fait preuve à un haut degré, par leurs bons traitements et une direction intelligente et morale, de sentiments de paternité envers les enfants qu'ils emploient; — elle concourt aux expositions en réunissant des spécimens propres à faire connaître les diverses fondations réalisées en vue du bien-être des enfants employés par l'industrie, l'organisation des maisons qui ont obtenu les meilleurs résultats à cet égard, les outillages les mieux appropriés au travail des enfants, etc., etc.

C'est surtout dans cette voie si féconde de l'initiative privée, et en dehors de toute réglementation administrative, qu'on arrivera plus sûrement, à notre avis, à faire cesser l'exploitation de l'enfance, ou, du moins, à atténuer les maux qui en résultent.

Ce sentiment tend, d'ailleurs, à se développer aujourd'hui en France et à l'étranger, ainsi qu'on peut s'en convaincre par la lecture des bulletins de la *Société de protection des apprentis et des enfants des manufactures.* — Il faut se réjouir hautement de voir ainsi les mœurs devancer les lois et peut-être même les rendre inutiles.

X

INFLUENCE MAUVAISE DE LA LITTÉRATURE

> « Quelle puissance dans cette propagande assidue, subtile, implacable des mauvaises lectures et de toutes les surexcitations de l'esprit s'étendant jusqu'aux derniers confins de la vie sociale, pénétrant jusque dans l'intimité du foyer! »
>
> (M. Ch. DE MAZADE, *Revue des Deux-Mondes*, 15 mai 1857.)

Un des caractères et des fléaux de notre époque est la production exagérée de livres, de romans, de journaux. « La littérature insipide est en ce moment une vraie calamité », dit avec raison Mᵐᵉ Adèle Esquiros dans une publication (1) où trop souvent, par malheur, abonde le grotesque. « On a créé dans Paris une foule de journaux à cinq centimes. Pour que le publicateur ne soit pas en perte, il ne paye pas la littérature. Quand le gros du peuple, les travailleurs, sont déjà assommés de fatigue, pourquoi les achever par des mots qui ne renferment aucune substance? Assez de ténèbres, assez de néant; les écrivains doivent être des éclaireurs. »

Si encore, parmi ces feuilles qui pullulent, celles qui réussissent à vivre ne semaient que l'ennui! Mais en même

---

(1) *Les marchandes d'amour.*

temps qu'elles dépravent le goût, elles sèment la plupart
de mauvaises idées (1).

La presse pourrait et devrait être une sorte de sacerdoce.
Ils n'y songent guère

> « ... tous ces auteurs qui, le scapel en main,
> Cherchent, les yeux ardents, au fond du cœur humain,
> La fibre la moins pure et la plus sale veine
> Pour en faire jaillir des flots d'or à main pleine,
> ... ces goujats de la littérature,
> Qui, portant le marteau sur toute sépulture,
> Courent de siècle en siècle arracher par lambeaux
> Les crimes inouïs qui dorment aux tombeaux (2). »

N'est-ce pas dans un détestable roman, *le Fils du sup-
plicié,* publié par un des journaux à cinq centimes, *Le
Passe-temps,* que deux jeunes gens, convaincus d'assassinat et de vol, déclaraient, il y a quelques années, devant
la cour d'assises de la Seine (3), qu'ils avaient puisé l'ins-
piration de leur crime ?

Voici le sommaire d'un numéro pris au hasard, d'une
autre feuille du même genre, *l'Omnibus :* « L'homme à la
tête de mort ; — Le bagne de Rochefort ; — L'assassin des
enfants ; — Un empoisonnement du grand monde ; — Les
faucheurs. »

Que peut produire sur l'imagination de jeunes apprentis,
d'ouvriers, d'ouvrières, la lecture de ces misérables romans qui s'égarent à la découverte des bouges les plus
infects et des existences les plus immondes ? « Les émo-

---

(1) Il est bien peu de romanciers ou d'auteurs comiques contemporains à
qui l'on n'ait pas à reprocher de tourner en ridicule le mariage et les maris
trompés.

(2) M. Auguste BARBIER, *Iambes,* Melpomène.

(3) Affaire dite *de la rue de Clichy.*

tions violentes, les passions échevelées, les sentiments impossibles, les imprécations, les blasphèmes entrent pour beaucoup dans l'art d'écrire, tel qu'on le comprend aujourd'hui... Il n'est sorte de corruption souterraine et d'obscénité mystérieuse dont le roman ne se fasse pas l'écho... Qui peut dire où s'arrêtera cette étude des existences exceptionnelles, cette excursion dans les repaires du vol et de l'assassinat? Comme le meurtrier y devient intéressant! Comme la prostituée y gagne du terrain dans l'opinion! Le roman a si bien fait que ces deux figures n'inspirent plus ni éloignement ni répugnance (1). »

Il est triste de penser que, sous prétexte de littérature, on a exempté des droits de timbre cette presse gangrenée qui pervertit le peuple en lui faisant respirer, chaque jour, l'atmosphère du crime!

En constatant et en déplorant l'accroissement progressif des attentats aux mœurs, un honorable magistrat (2), de regrettable mémoire, faisait remarquer que « cette nature de crime, commis surtout par ceux qui ont un commencement d'instruction, reçoit son impulsion du colportage des mauvais livres, surtout dans les campagnes. L'imagination, enflammée par ces lectures obscènes, n'a plus de frein, et donne cours à ces honteuses violences qui, rarement impunies, imposent tout à la fois à qui les exerce et à qui les subit une double et irréparable flétrissure. » — Et M. Bérenger adjurait le gouvernement de mettre tous ses soins à extirper la cause de ces désordres. Ce serait « faire un grand pas dans la voie préventive de la réformation des mœurs populaires. »

---

(1) M. Louis Reybaud, *Études sur les réformateurs contemporains ou socialistes modernes.*

(2) M. Bérenger, *De la répression pénale,* t. II, p. 213.

A la date du 27 juillet 1849, est intervenue, on le sait, une loi qui astreint à la nécessité d'une autorisation tout colporteur de livres, écrits, brochures, gravures et lithographies. Cette loi a pu rendre assurément de grands services, mais il ne faut pas se dissimuler qu'alors même qu'elle serait strictement exécutée, elle deviendra impuissante pour prévenir le mal signalé, les journaux à cinq centimes tuant le colportage. D'ailleurs, la plupart des livres vendus par les colporteurs, quoique étant estampillés, laissent beaucoup à désirer sous le rapport moral, et un grand nombre échappe à cette faible garantie. En voici la triste preuve :

Par une circulaire du 27 juin 1866, M. le ministre de l'instruction publique a demandé aux préfets de lui faire connaître quels étaient les ouvrages qui, étalés dans les foires ou offerts par les colporteurs, avaient le plus de vogue dans les campagnes. Il nous a été donné de parcourir les réponses des préfets ; nous en extrayons quelques passages :

Indre-et-Loire. — « On lit peu dans les campagnes, mais, dans la classe ouvrière, on lit de mauvais romans et des livres souvent immoraux que les colporteurs trouvent moyen de faire échapper à l'estampille. »

Ardennes. — « Les classes ouvrières n'ont rien à gagner par les lectures qu'elles préfèrent. C'est un cercle vicieux : les colporteurs ont dans leurs balles les livres qu'on leur demande de préférence, et les habitants des campagnes achètent ce qu'ils trouvent. On ne lit guère que Paul Féval, Alexandre Dumas, Pigault-Lebrun, Paul de Kock, Eugène Sue, les petits journaux à cinq centimes. »

Vienne. — « Les livres les plus achetés sont : les œuvres de Piron, la Cartomancie, le Secrétaire galant, la Clé des songes, le Petit Albert, l'Oracle des dames et des demoiselles, l'Amour conjugal (diminutif de l'ouvrage prohibé), le Catéchisme des amants, le Catéchisme poissard, la Vérité sur les femmes, une foule de petits ouvrages aux titres qui flattent la sensualité. Voilà le meilleur commerce du colporteur. »

Rhône. — « La plupart des ouvrages sont futiles et insignifiants quand ils ne sont pas dangereux pour les mœurs. Ils ont des titres de nature à exciter la jeunesse : le Catéchisme des amants, l'Art d'aimer, la Clé des songes, le Secrétaire des amants, etc. »

Deux-Sèvres. — « Les ouvrages les plus recherchés par la jeunesse sont les romans ou des livres traitant de sujets frivoles répandus à profusion par les colporteurs. »

Ces citations, qu'il serait superflu de prolonger, suffisent pour montrer la généralité et la gravité d'un mal dont le véritable remède se trouve dans la multiplication des bibliothèques populaires qui modifieront peu à peu les habitudes prises. Tous les efforts des gens de bien doivent y tendre, car si autrefois les livres, en restant des livres, se répandaient peu, si le monde qui lisait était borné, aujourd'hui, selon la judicieuse remarque de M. Ch. de Mazade (1), « dans une société nivelée, décomposée et sceptique, tout semble préparé pour favoriser et étendre ces contagions de l'intelligence qui réagissent sur la vie réelle. »

______

(1) *Revue des Deux-Mondes*, 15 mai 1857.

XI

INFLUENCE MAUVAISE DU THÉATRE

« Le théâtre, qui ne peut rien pour corriger les
mœurs, peut beaucoup pour les altérer. »

(J.-J. ROUSSEAU, *Lettre à d'Alembert.*)

L'influence pernicieuse du théâtre contemporain sur les
mœurs est malheureusement incontestable; quand on connaît
le goût si vif du peuple pour les amusements dramatiques,
surtout à Paris, on gémit à la pensée des dangereux effets
que doit produire l'immoralité de certaines pièces.

Dans une éloquente et vigoureuse satire (1), Auguste Barbier a représenté le théâtre moderne tel qu'il est, en réalité,
sur la plupart des scènes : une école d'impureté. Son tableau, hélas! n'a rien d'exagéré, et nous ne résistons point
au plaisir de citer ces beaux vers :

> « Vous verrez au milieu d'un fleuve de sueur,
> Sous un pâle soleil et sa jaune lueur,
> Sans haleine, sans pouls, et les lèvres muettes,
> Tout un peuple accroupi sur de noires banquettes,
> Ecoutant à plaisir la langue des bourreaux,
> Apprivoiser ses yeux au sang des échafauds,
> Vous y verrez, sous l'œil du père de famille,
> De lubriques tableaux enseigner à sa fille

---

(1) *Iambes*, Melpomène.

Comment sur un sopha, sans remords et sans peur,
On ouvre à tout venant et sa jambe et son cœur ;
Comment font les deux mains d'un homme qui viole,
Comment à ses transports une femme s'immole ;
Et les femmes, au bout de ces drames impurs,
Haletantes encor, l'œil en feu, les seins durs,
D'un pied lent désertant la salle solitaire,
Regagner leurs foyers en rêvant l'adultère. »

Le théâtre, cette prétendue école des mœurs, n'a trop souvent contribué qu'à les pervertir, et combien de femmes dont on peut dire, à la suite de ces représentations malsaines :.

« Incidit in flammas, juvenemque secuta, relicto
Conjuge, Penelope venit, abit Helene (1) » !

On peut donc, à bon droit, s'étonner de l'indifférence que semble montrer à ce sujet l'autorité. Ainsi que l'a dit très-finement et très-justement un spirituel critique (2) : « la censure a pour habitude de s'inquiéter des tendances politiques du théâtre plutôt que de ses principes. Comme les opinions se manifestent surtout sur les théâtres de la société polie, on les surveille de plus près que les théâtres populaires où la politique est rarement en jeu, mais où les principes sociaux sont en proie au sophisme. On ferme la porte à l'opposition, aux allusions, aux épigrammes politiques ; on la laisse ouverte aux hérésies morales et l'on s'endort en paix ! Presque tous les pouvoirs commettent la même faute. Ils s'occupent trop d'eux-mêmes et trop peu de la société. »

---

(1) MARTIAL, ép. 63, lib. 1.
(2) H. RIGAULT, *La morale du Théâtre* (Conversations littéraires et morales, p. 79.)

A un autre point de vue, il y a lieu de signaler l'influence démoralisatrice du théâtre moderne. — Le principal attrait des représentations offertes au public, surtout depuis le second empire, n'a-t-il pas consisté dans de véritables exhibitions de femmes ? le genre *Revue* ou *Féerie* avec tableaux, ballets, n'a-t-il pas pris une extension déplorable à tous égards, pour l'art sérieux aussi bien que pour les mœurs ? Or, « pour fournir le corps de ballet de nos grands théâtres, pour faire la distraction des plus honnêtes gens, ne faut-il pas que des légions de femmes soient dressées à peine adolescentes à une vie sans pudeur? Il est presque impossible qu'elles ne soient pas envahies peu à peu par de vils et honteux sentiments. Elles les répandront par contagion dans la foule misérable d'où elles sont sorties, où elles sont admirées et où elles sont enviées... Pour satisfaire les caprices d'un monde à la fois raffiné et vulgaire, auquel il faut sans cesse du nouveau, de l'étrange, des spectacles violents ou grotesques, il se forme un peuple de valets, d'histrions et de faiseurs de bas étage. Quelle existence ces sortes de gens auront-ils? quelle sera leur famille? Quels exemples et quels enseignements y apporteront-ils? Ils seront une cause puissante et active de démoralisation... (1). »

---

(1) M. A. Cochin, *Essai sur la criminalité, sur ses causes, sur les moyens d'y remédier.* (*Journal des Économistes*, Janvier 1868.)

XII

MAUVAISE ÉDUCATION

OU DÉFAUT D'ÉDUCATION DES FILLES

> « L'éducation qu'on donne aux jeunes filles est légère, frivole, superficielle, quand elle n'est pas fausse.
>
> (Mgr Dupanloup, *La femme studieuse.*)

La mauvaise éducation des filles ou leur défaut d'éducation ont, dans l'ordre moral, les conséquences les plus funestes.

Dans les familles riches ou aisées, l'éducation des filles est généralement mauvaise. Les lignes suivantes de Voltaire (1) conservent aujourd'hui tout leur à-propos : « Nous les élevons dans le désir immodéré de plaire, nous leur en dictons des leçons; la nature y travaillait bien sans nous, mais on y ajoute tous les raffinements de l'art. Quand elles sont parfaitement stylées, nous les punissons si elles mettent en pratique l'art que nous avons cru leur enseigner. Que diriez-vous d'un maître à danser qui aurait appris son métier à un écolier pendant dix ans, et qui voudrait lui casser les jambes parce qu'il l'a trouvé dansant avec un autre? »

(1) *Dictionnaire philosophique*, article *Adultère*.

Dans les familles pauvres, l'éducation des filles est le plus souvent abandonnée à tous les hasards.

L'instruction qu'on leur donne manque du caractère d'utilité pratique qu'elle devrait avoir. Beaucoup de femmes, dans les centres manufacturiers, ne savent ni coudre, ni tenir un ménage. Cette ignorance des choses qu'une mère de famille a essentiellement besoin de connaitre rend la vie domestique impossible, les enfants sont mal soignés, le mari se dégoûte d'un intérieur où il ne trouve que le désordre, et va demander ses distractions au cabaret. Bien des excès n'ont pas d'autre cause dans la classe ouvrière.

De tout temps, l'instruction et l'éducation des filles ont été négligées, tronquées, faussées, bien que, de tout temps, ces lacunes et ces vices aient été signalés, bien que l'importance de leur instruction et de leur éducation ait été universellement sentie et proclamée. « Négliger l'éducation des filles », dit un moraliste chinois (1), « c'est préparer la honte de sa propre famille et le malheur des maisons dans lesquelles elles doivent entrer. » — « Si les femmes, » dit Plutarque (2), « ne reçoivent pas les germes précieux des connaissances solides dans lesquelles les hommes sont instruits, il s'engendrera dans leur esprit toutes sortes de fausses opinions et d'affections déréglées. » — Fénelon (3) n'a-t-il pas critiqué l'insuffisance de l'éducation donnée aux filles, de son temps? — Et bien! tant les préjugés ont d'empire, les choses n'ont guère changé. « On croit avoir tout fait quand, après avoir inspiré à de jeunes personnes un vif désir de plaire, on s'est fort occupé de leur faire acqué-

---

(1) *Pensées morales de divers auteurs chinois.* Pensée xcxiii. (Paris, V. Lecou, 1851, p. 147.)
(2) *Préceptes de mariage.*
(3) *De l'éducation des filles.*

rir bien des talents purement agréables, qui ne leur seront après tout que d'un faible usage par la suite, à moins qu'elles ne les portent assez loin pour s'en faire une ressource dans le malheur, des talents qu'elles négligeront dès qu'on ne les forcera plus à les cultiver, et qui n'auront pas même alors le mérite de les sauver de l'ennui, ou qui, si elles ont un certain succès dans ce genre, les répandront dans des sociétés dangereuses pour elles, et les exposeront à toutes sortes de séductions et de vanités... Qu'arrive-t-il de là? c'est qu'elles sont très-bien élevées pour tous les genres de passions, de ridicule et d'extravagance, et très-mal pour tous les devoirs dont l'accomplissement caractérise les épouses et les mères de famille vraiment respectables (1). »

M⁰ᵉ la comtesse de Rémusat l'a dit avec un grand sens (2) : « Il y a dans nos mœurs quelque chose de directement contraire à ce qui serait raisonnable. Cette nullité à laquelle nous condamnons nos filles excite en elles de bonne heure le désir de nous échapper; nous les jetons ensuite dans les fausses libertés du mariage où elles se persuadent qu'elles vont devenir maîtresses d'elles-mêmes, à l'instant où elles contractent leur plus sérieux engagement. » — Et voilà une des causes de tant de mariages malheureux! « La société, en ne prenant pas assez sérieusement les femmes, en exploitant leurs défauts au profit de son amusement, peut se reprocher de les avoir souvent égarées. »

Si les hommes font les lois, les femmes font les mœurs, sans lesquelles ces lois ne sont rien. Leur influence est immense. « Après cela, on se demande par quel inconce-

---

(1) L'abbé Gerard, *la Théorie du bonheur*, p. 273
(2) *Essai sur l'éducation des femmes.*

vable oubli on a pu négliger un moteur aussi universel; comment les moralistes, au lieu d'appeler à leur aide la plus douce et la plus énergique des puissances, ont travaillé à l'affaiblir, et comment les législateurs de toutes les époques se sont ligués pour nous la rendre funeste! Car, on ne saurait trop le remarquer, tout le mal que les femmes nous ont fait vient de nous, et tout le bien qu'elles nous font vient d'elles. C'est malgré nos éducations stupides qu'elles ont des pensées, une intelligence, une âme; c'est malgré nos préjugés barbares qu'elles sont aujourd'hui la gloire de l'Europe et les compagnes de notre vie. Dans des temps qui ne sont pas encore très-éloignés, de graves docteurs leur refusaient une âme; mais comme si la Providence avait pris soin de venger un tel outrage, alors vivait au Louvre cette Isabeau qui livra la France au roi d'Angleterre; et, dans une pauvre cabane, aux confins de la Lorraine, cette Jeanne d'Arc qui sauva sa patrie, battit les Anglais, et mourut de la mort des martyrs, après avoir vécu de la vie des héros (1).»

Il semble, en vérité, que l'abrutissement des femmes était devenu un système de morale, comme l'abrutissement des peuples était un système politique. « Nos pères confondirent longtemps l'ignorance avec l'innocence! Et de là vinrent tous les maux : on voulait les femmes niaises dans l'intérêt des maris, et les peuples ignorants dans l'intérêt du pouvoir. Les femmes, ainsi assimilées au peuple, ne reçurent, comme le peuple, aucune espèce d'instruction. Tout fut contre elles, la science, la législation et la théologie; la théologie qu'on prenait alors pour la religion, et qui ne leur montrait la vertu que sous les coups de la discipline et dans les austérités de la discipline. Voilà comment nos

---

(1) M. Aimé Martin, *Éducation des mères de famille*, t. Ier, p. 43 et suivantes.

pères entendaient la sagesse de leurs femmes. C'est en les privant de leur âme, c'est en les livrant à ces petites pratiques sans morale qui hébètent les esprits, qu'ils espéraient les conserver pures et sans tache. Que les femmes aient conservé assez d'intelligence pour répondre dignement aux prévisions de leur mari, c'est ce qu'on peut voir dans les *Contes* de Louis XI, de Boccace, de la reine de Navarre et de Bonaventure Despériers ; là se trouvent tous les bénéfices de l'ignorance, dont les *Sérées* de Bouchet, *Pantagruel* et le *Moyen de parvenir* complètent le gothique tableau ; livres joyeux dont on ne parle aujourd'hui qu'à l'oreille, mais qui étaient alors des livres de bonne compagnie, cités dans les châteaux par les dames, cités dans les sermons par des moines qui brûlaient Étienne Dolet, coupable d'avoir traduit Platon, et faisaient égorger Ramus, convaincu d'avoir pensé contre l'avis d'Aristote (1). »

Puisque l'influence des femmes est considérable, puisque tout le monde convient qu'elles peuvent faire beaucoup de bien ou beaucoup de mal, la question de leur éducation est manifestement du plus haut intérêt. Si les liens de la famille se sont relâchés, n'est-ce pas à la mère, à la femme qu'il faut songer surtout pour en resserrer les nœuds ? Si le mariage est autre chose que le partage du lit et de la table, s'il est, ou plutôt s'il doit être la vie intellectuelle et la vie morale en commun, l'union de deux intelligences et de deux âmes, ne faut-il pas que la femme, par son instruction et son éducation, soit mise à la hauteur de sa mission ? Comment remplira-t-elle les devoirs sérieux et graves que la famille lui impose, si on ne l'a pas habituée à les comprendre, à les respecter ? Comment élèvera-t-elle ses enfants

---

(1) M. Aimé **Martin**, *loco citato.*

et les préparera-t-elle à la vie, à la famille et à la société, si elle-même n'est qu'un être frivole, sans connaissances solides, sans élévation dans les idées, sans caractère et sans conscience? Quel titre conservera-t-elle à l'estime, à l'affection de son mari, une fois la jeunesse et la beauté envolées, si elle n'a, pour maintenir son influence, ces précieuses qualités qui échappent aux ravages du temps? Et comment les aura-t-elle sans l'instruction et l'éducation? Aussi est-ce à juste titre une des graves questions qui commencent enfin à prendre place parmi les plus grandes préoccupations des moralistes et des hommes d'État. En 1867, le Corps législatif, réuni tout entier dans cette pensée, faisant taire tout dissentiment politique, a voté, à l'unanimité, une loi qui dotera la France de près de huit mille écoles nouvelles de filles. Pour l'enseignement secondaire, de louables efforts ont été faits dans une cinquantaine de villes, par les membres de l'Université, qui ont apporté à ces cours nouveaux autant de tact que de dévouement. On ne saurait trop leur rendre justice, car instruire, élever les femmes, c'est la condition indispensable du bonheur des familles et de l'honneur du mariage.

XIII

PROGRÈS CROISSANTS DU LUXE

« Aujourd'hui on commence par s'habiller, se parer,
on se déguise en riche ; ensuite on mange, on boit,
on se chauffe avec le reste, quand il reste quelque
chose... A tous les degrés, tout le monde veut se
tromper. Triste et coûteux carnaval! »

(Alphonse KARR, *Le livre des cent vérités.*)

« Le monde et le mariage ressembleront bientôt à
un bal où il n'y a pas assez de cavaliers. »

(Alphonse KARR, *Encore les femmes*, chap. v.)

Un grand mal de notre époque, c'est le goût excessif du
luxe, le désir immodéré de paraître. Pour satisfaire à ce
ruineux penchant, on sait sacrifier son bien-être réel, son
nécessaire, tout, jusqu'à son honneur même.

Dans la consciencieuse enquête à laquelle il s'est livré
sur les populations ouvrières de la France, M. Audiganne
constate, à plusieurs reprises (1), combien le goût de la
parure est répandu chez les filles occupées dans les fabriques, au détriment de leur moralité, bien entendu. Ce mal
s'est propagé jusqu'au village.

« Les jeunes filles de nos campagnes, » dit M. de Magnitot (2), « portent des bijoux, faux, il est vrai, mais peu

---

(1) *Les populations ouvrières et industrielles de la France*, t. II, p. 157
et 199.

(2) *De l'assistance en province*, p. 211.

importe : n'ont-ils pas, en apparence, l'éclat de ceux qu'elles admirent et envient ? Leurs chaussures, leurs vêtements ressemblent à ceux des grandes dames : la qualité en est détestable... L'envie de briller et de paraître l'emporte sur le conseil que la raison leur donne de se procurer avant tout du bon linge, des étoffes chaudes et solides. Dans toutes les classes, le besoin du superflu est devenu, pour ainsi dire, plus impérieux que celui du nécessaire. » — Les plaintes à ce sujet sont générales.

Voici ce qu'écrit M. Le Play (1) : « Chez les classes aisées et jusque dans les conditions moyennes, on voit les femmes donner chaque jour davantage dans les écarts qui, au siècle dernier, ne se remarquaient que chez les dames de la cour. Elles se livrent à tous les entraînements d'un luxe insensé; elles s'entourent de mobiliers ruineux où brille moins le goût que la richesse de la matière; elles ne craignent pas de se défigurer en accumulant dans un seul vêtement ce qui suffisait autrefois à l'habillement d'une famille ; elles prennent des allures en harmonie avec les extravagances de la mode; elles semblent, en un mot, s'appliquer à détruire la démarcation qui jusqu'à ce jour avait été maintenue, même dans les apparences, entre le vice et la vertu. »

« Avec beaucoup de frais et de peines », disait, le 18 mars 1866, l'honorable M. Laboulaye dans un discours à l'assemblée générale de la *Bibliothèque des amis de l'instruction* du cinquième arrondissement de Paris, « en étendant à l'infini leur crinoline (2), en mettant derrière leur

---

(1) LA RÉFORME SOCIALE, t. Ier, chap. III, *La famille, la femme et le mariage.*

(2) Le règne de la crinoline est fini.. mais les femmes se sont jetées dans un excès contraire., pour un temps sans doute?

tête une botte de cheveux, les honnêtes femmes, après avoir dépensé l'argent du ménage, arrivent à ce résultat qu'elles ne ressemblent plus à des femmes honnêtes. »

Laissons maintenant une femme (1) faire le procès à son sexe, de la belle façon : « Jadis, dans le peuple, des vêtements, c'était pour se couvrir; aujourd'hui, c'est pour tromper les yeux. Une femme, c'est une espèce de poupée : des étoffes et des peintures, mais vous ne trouvez plus ni physionomie, ni corps; jamais, pour les femmes, la misère ne fut si grande, et jamais le luxe ne fut porté si loin. Ces malheureuses semblent avoir perdu la tête;..., elles parent leur agonie. Elles se couvrent d'oripeaux et de clinquants pour cacher la phthisie qui les ronge. Ces figures que n'éclaire nul sentiment, mais qu'anime seulement l'instinct d'une activité famélique, ces figures, loin de se voiler, s'ornent arrogamment de coiffures effrontées et provoquantes, Dernier degré de misère et de cynisme. Pour faire place à des êtres sans nom, la femme disparaît de la société. Encore un peu de temps, et l'homme n'aura plus de mère, plus de sœurs; et l'homme rougira des femelles qui le toucheront. Plus de famille, plus d'amour ! Que voulez-vous que devienne le progrès si nous marchons en arrière? Nous nous suicidons chaque jour. »

Mme Esquiros, on le voit, n'y va pas de main morte; mais, dans son indignation que nous croyons sincère, elle exagère évidemment; son tableau est par trop noir. Or, il ne s'agit pas de frapper fort, il faut frapper juste. Sans pousser des cris de désespoir, qui n'ont guère eu de retentissement, sans prendre, comme Mme Adèle Esquiros, un ton tragi-co-

---

(1) Mme Adèle Esquiros, *Les marchandes d'amour*, p. 215 et 216.

mique, le spirituel Alphonse Karr (1) a bien plus de chances d'être compris, lorsqu'il dit avec simplicité : « Que la femme ou la fille de l'ouvrier aiment à être bien mises, je le conçois, c'est un sentiment naturel, mais seulement pour être jolies et non pas pour paraître riches; qu'elles évitent avec mépris les bijoux faux, les imitations d'hermine; qu'elles se fassent un costume conforme à leurs moyens et qu'elles se fient pour le reste à leurs grâces naturelles, à leurs yeux, à leurs dents, à leur fraîcheur, à leur modestie, à leur beauté... Voici une femme qui passe; à dix pas, elle a l'air d'une femme riche... Un manchon d'hermine, un voile de point d'Angleterre, des bracelets et des bagues jusque par-dessus ses gants. A trois pas, c'est une sotte qui promène une mascarade; son hermine c'est du chat, ses bijoux du cuivre, son voile je ne sais quoi. » — Tout le monde, à peu d'exceptions près, veut paraître plus qu'il n'est, et dépense plus qu'il n'a; le résultat de cette triste comédie est une parfaite égalité de misère.

Si cela continue, le mariage deviendra de plus en plus impossible pour une foule de jeunes gens. Que les mères de famille qui se laissent tyranniser par la mode songent donc à l'avenir de leurs filles ! Un honnête homme reculera toujours devant l'extravagance des demoiselles Benoiton.

C'est par l'éducation seulement qu'il sera possible de guérir cette maladie morale que nous venons de décrire. Il ne saurait être question, en effet, de rendre des lois somptuaires. Cette réforme des mœurs, c'est aux mœurs seules qu'il faut la demander. Une meilleure éducation des filles, une instruction plus solide, voilà le remède efficace à leur frivolité. Quand leur intelligence sera moins vide, elles au-

---

(1) *Le livre des cent vérités.*

ront, devenues femmes, de meilleures armes pour triompher des courtisanes dont elles sont réduites à emprunter les allures.

Un ardent ami de la justice, un avocat convaincu des droits légitimes de la femme (1), faisait remarquer, très-à propos, qu'il n'est pas jusqu'à leur costume, leur mode de s'habiller, qu'on n'interprète contre elles. « Quoi ! » s'écriait-il, « cet être d'apparence frivole, paré de plumes peintes et de clinquant, et tout diapré des couleurs de l'habit d'arlequin, c'est une mère ! Ce quolifichet qui passe, c'est une épouse, un conseil, une amie ! » — Et vraiment l'excentricité des modes féminines, sans cesse changeantes, est un très-bon argument pour ceux qui sont disposés à voir dans les femmes des êtres inférieurs dont le Code a eu raison de proclamer l'infériorité.

Ce préjugé, que la frivolité des femmes a contribué à entretenir, Charron s'en est fait l'écho sans ménagement : « C'est un vice particulier et spécial aux femmes, » dit-il (2), « que le luxe et l'excès aux vestements, vray tesmoignage de leur foiblesse, voulans se prévaloir et rendre recommandables par ces petits accidens, pource qu'elles se sentent foibles et incapables de se faire valoir à meilleures enseignes : de grande vertu et courage s'en soucient beaucoup moins... »

Les femmes sont averties. C'est à elles surtout qu'il appartient de faire tomber un préjugé aussi sot et aussi outrageant. Qu'elles se rappellent souvent cette recommanda-

____

(1) M. Victor MODESTE, *Les femmes* (*Journal des économistes*, septembre 1861.)

(2) *De la sagesse*, liv. III, chap. XL.

tion d'un moraliste grec (1), qui est pour leur sexe un hommage encore plus qu'un conseil : « Le véritable ornement est celui qui pare. Or, ce qui pare une femme, ce n'est point l'or ni les pierres précieuses, ni la pourpre, mais tout ce qui fait briller sa chasteté, sa modestie et sa pudeur! »

_____

(1) PLUTARQUE, *Préceptes de mariage.*

XIV

LOGEMENTS D'OUVRIERS

« Dans un espace trop resserré les cœurs s'aigrissent, les mœurs se corrompent par la promiscuité; l'atmosphère impure qui altère les organes vicie jusqu'à l'âme. »

(M. Henri BAUDRILLART, *La liberté du travail, l'association et la démocratie*, p. 301.)

La question du logement a une grande importance au point de vue des mœurs. Celui qui est sûr de ne trouver, en rentrant de son travail, qu'un misérable taudis, est tout naturellement porté à le fuir pour le cabaret. — Si la famille n'a pour se loger qu'une seule pièce, pour se coucher qu'un seul lit (1), quelle pudeur, quelle moralité peut-on en attendre ?

---

(1) M. Jules SIMON, en parlant des caves que l'on voit encore à Lille et à Douai, dit : « Ces souterrains servent de logement à toute une famille ; par conséquent, le père, la mère, les enfants, couchent dans le même local, et trop souvent, quel que soit leur âge, dans le même lit. Le plus grand nombre de ces malheureux ne trouvent plus aucun inconvénient à la confusion des sexes. S'il en résulte un inceste, ils ne le cachent pas ; à peine souvent savent-ils que le reste des hommes ont d'autres mœurs. » (*L'Ouvrière*, p. 157 et 158.) — En ces taudis, sur ces grabats, dit encore M. Jules Simon (*l'Ouvrier de huit ans*, p. 153), l'enfant grandit « dans une situation à ne jamais comprendre plus tard ce que c'est que la décence... Dès qu'il peut se traîner à quatre pattes, avant même de savoir marcher, il cherche la rue et il a raison, elle lui vaut mieux ; quelle ressource !.. Et quel spectacle pour lui

Si un grand nombre d'individus de sexe différent, obligés de se réfugier dans d'infimes garnis, se trouvent confondus pêle-mêle, quels désordres doivent en résulter (1) !

Assurément la situation si déplorable constatée par MM. Villermé et Blanqui s'est de beaucoup améliorée ; bien des ruelles fétides, des quartiers malsains ont disparu de nos cités ou ont été assainis ; dans bon nombre de localités on s'est occupé de procurer aux ouvriers, soit à l'intérieur de la fabrique, soit à proximité, des logements plus

---

quand il commence à penser ! Un père absent ou ivre, une mère épuisée, des haillons sordides, un logis crasseux et ignoble ; au dehors, des riches qui passent... Si la mère, à son tour, se donne à la débauche, elle le fait, il le faut bien, sous les yeux de son enfant. » — Dans sa consciencieuse et remarquable étude sur la *condition morale, intellectuelle et matérielle des ouvriers qui vivent de l'industrie du coton*, M. Louis Reybaud rapporte l'impression pénible que lui a causée la vue des cloaques, des ruelles infectes où demeurent les ouvriers à Saint-Quentin, à Lille, à Roubaix, à Amiens..... « Ce qui est plus affligeant », dit-il, « cette misère n'offense pas seulement les sens, elle blesse aussi la pudeur. Dans cet espace de quelques pieds carrés, est parquée une famille entière ; les âges et les sexes y sont confondus ; les lits sont communs, sans une cloison ni même un rideau qui les séparent. Pour l'enfance et l'adolescence, il y a là un triste apprentissage de la décence de la vie ; de telles impressions ne s'effacent plus..... »

(1) « Figurez-vous, » dit M. Audiganne, en parlant de certains garnis d'Elbeuf, « de grandes salles, autour desquelles sont collés l'un près de l'autre 40 à 50 lits, et où des femmes et des enfants venaient jadis confusément chercher le repos. Si, dans les ateliers, le rapprochement des âges et des sexes peut réagir d'une manière fâcheuse sur les mœurs, que dire de cet entassement nocturne en des lieux où toute réserve était souvent bannie ! Il n'y avait plus là cette discipline, cette surveillance, qui forment, au moins à l'intérieur des fabriques, un obstacle à l'immoralité. » (*Les populations ouvrières et les industries de la France*, t. Ier, p. 91 et 92). — L'autorité municipale d'Elbeuf, émue de ce triste état de choses, exigea que des salles spéciales fussent réservées aux hommes et aux femmes ; mais, ajoute M. Audiganne, « des infractions à la règle étaient journellement commises. Des introductions furtives occasionnaient quelquefois, dans ces dortoirs communs, des scènes que la plume se refuse à décrire. Est-il possible d'imaginer une plus sûre école de corruption ? »

ou moins convenablement disposés ; mais qu'il reste encore à faire pour doter partout la classe laborieuse de ce précieux élément de bien-être et de moralité !

Nous avons assisté, depuis une vingtaine d'années, à Paris, à des travaux gigantesques ; le marteau des démolisseurs a fait tomber maisons sur maisons, les neuves comme les vieilles ; des squares élégants ont surgi par enchantement ; de larges boulevards ont été ouverts, de somptueux bâtiments se sont élevés... Tout cela est splendide, féerique ! Mais que l'édilité y songe. Une bonne partie de la population se trouve insensiblement refoulée dans les quartiers éloignés ; la hausse des loyers qui en est la conséquence oblige les familles à se resserrer, à s'entasser.. Quels progrès aura-t-on obtenus sous le rapport de l'hygiène et des mœurs ? On n'aura pas remédié au mal ; on l'aura tout simplement déplacé.

Il appartiendrait à l'État d'encourager efficacement, par des exemptions temporaires d'impôts, la construction de logements à bon marché dans les grandes villes et les centres industriels. On amènerait ainsi les capitalistes à s'engager dans cette voie. Ils ne tarderaient pas, du reste, à se convaincre que ce serait faire une œuvre fructueuse en même temps que généreuse. Pour les en persuader tout d'abord, on pourrait leur citer les maisons de Mulhouse, de Rochedale, d'Halifax, de Bradford, de Leeds, où des familles, relativement pauvres, trouvent l'air, l'eau en abondance, le gaz même, et cela à des conditions qui procurent encore un bénéfice au propriétaire. — En attendant, la tâche des économistes et des moralistes est de répandre ces faits, de les répéter, d'agiter sans cesse cette question pour en hâter l'heureuse solution.

XV

MODE DE DOMESTICITÉ

ALLAITEMENT MERCENAIRE

« Voici une jeune fille que le besoin de gagner un salaire plus élevé a éloignée du lieu natal... Elle entre au hasard sous un toit ; elle fait partie d'une famille nouvelle. Là se trouvent trop souvent réunis des éléments d'immoralité... On raille sa religion qui la protégeait... Viennent les agressions du dehors, à défaut de celles du dedans. Elle est entraînée, séduite, et cette première faute la mène quelquefois au crime, et bien souvent à la prostitution. »

(M. Dufau, *Essai sur la science de la misère sociale*, p. 144.)

« Qu'une fois les femmes redeviennent mères, bientôt les hommes redeviendront pères et maris. »

(J.-J. Rousseau, *Émile*, livre Ier.)

Le mode de domesticité est aussi une cause de démoralisation et, par suite, de naissances illégitimes, trop souvent aussi de crimes d'avortement ou d'infanticide. Les statistiques du ministère de la justice en font foi.

Il est fâcheux qu'en général on ne veuille employer que des domestiques célibataires, et que ceux-ci, lorsqu'ils viennent à se marier, refusent de louer leurs services. Pourquoi l'ouvrier du ménage ne se rendrait-il pas, comme l'ouvrier de l'industrie, le matin à son travail pour rentrer le soir dans sa famille ? Ce serait faire beaucoup pour les mœurs que de résoudre la question du mariage dans la domesticité. M. le docteur Boileau de Castelnau s'est livré à des réflexions très-sensées sur ce point, dans une brochure publiée à Nîmes, en 1864, sous le titre : *Des enfants naturels devant la famille et devant la société.*

Il est constant que la domesticité joue aujourd'hui un grand rôle dans les causes de la prostitution. — Autrefois, un domestique était presque membre de la famille qu'il servait ; il y trouvait non pas seulement un salaire, mais des enseignements, des exemples, une véritable protection. Aussi était-il attaché à ses maîtres. Les choses sont bien changées ! Les serviteurs à gages ne sont plus regardés que comme des étrangers dont il faut se défier ; on ne les surveille jamais dans leur propre intérêt. Ils ne sont pas de la famille, et n'ont plus la leur pour les soutenir.. La plupart des jeunes filles qui entrent en service sont vouées à une corruption inévitable. Les agressions viennent souvent du maître lui-même ! et lorsqu'elles perdent leur place, ou qu'une maladie prolongée les mène à l'hôpital, les émissaires de la prostitution sont là qui guettent leur proie et rarement la laissent échapper.

Ce qui prouve la réalité du danger dont nous parlons, c'est que la charité chrétienne s'en est émue : elle a ouvert des asiles où les jeunes domestiques sans place sont recueillies jusqu'à ce qu'elles aient trouvé une nouvelle condition.

Que de parents aussi, se piquant de sentiments de haute moralité, favorisent le désordre, sans y réfléchir évidemment, en recherchant de préférence pour nourrices de leurs enfants des filles-mères, désireux qu'ils sont d'échapper aux sollicitations d'un mari, d'une famille, de ceux qui tiennent de loin ou de près à la nourrice. « Il y a des filles », dit

M. de Magnitot (1), « qui n'ont été amenées à succomber que dans l'espoir de se placer comme nourrices.. Ces malheureuses n'ayant d'autre but que de poursuivre le plus longtemps possible leur industrie, recherchent, provoquent même l'occasion d'une nouvelle maternité. Plus tard, quand cette ressource leur échappe avec l'âge, ayant toujours vécu dans l'oisiveté, elles sont incapables, au moyen d'un travail régulier, de pourvoir à l'existence des malheureux enfants, fruit de leur inconduite.., et leur existence est d'autant plus triste que leur dénûment contraste davantage avec les habitudes de bien-être et de luxe qu'elles avaient connues précédemment. »

Dans un excellent livre dont on ne saurait trop recommander la lecture aux jeunes femmes (2), M. le docteur Brochard a fait ressortir d'une manière saisissante les inconvénients et les dangers de l'allaitement mercenaire, les avantages de l'allaitement maternel, pour la mère aussi bien que pour l'enfant. Puisse un tel livre avoir beaucoup de lectrices ! Quand les femmes seront bien persuadées que celles qui confient leur enfant à une nourrice mercenaire doublent et triplent même les chances de mort de cet enfant; quand elles sauront que la médecine et la physiologie, d'accord avec la morale (3), enseignent qu'une femme bien

---

(1) *De l'assistance en province*, p. 204.

(2) *De l'allaitement maternel étudié aux points de vue de la mère, de l'enfant et de la société.*

(3) Aulu-Gelle, dans ses *Nuits attiques*, livre 12ᵉ, 1, rapporte en ces termes les conseils donnés par le philosophe Favorinus à une femme noble de ne pas recourir à des nourrices pour élever ses enfants, mais de leur donner son propre lait. (Nous traduisons pour la commodité du lecteur). Le philosophe parle de l'accouchée et s'adresse à son mari qu'il vient de féliciter. « Je ne doute pas », dit-il, « qu'elle ne soit dans l'intention de nourrir son fils de son propre lait. La mère de la jeune femme répondit qu'il fallait

portante et bien constituée ne peut se soustraire au devoir
de nourrir elle-même son enfant sans gravement compro-
mettre sa santé, une grande plaie sociale sera guérie.

---

user de ménagements, et donner à l'enfant des nourrices pour ne pas ajouter
aux douleurs que sa fille avait éprouvées pendant sa couche, les fatigues et
les peines de l'allaitement. Eh! de grâce, Madame, répliqua le philosophe,
permettez qu'elle soit tout à fait la mère de son fils. N'est-ce pas contre la
nature, n'est-ce pas remplir imparfaitement et à demi le rôle de mère, que
d'éloigner aussitôt l'enfant que l'on vient de mettre au monde? Quoi donc!
après avoir nourri dans son sein, de son propre sang, un je ne sais quoi, un
être qu'elle ne voyait pas, elle lui refuserait son lait, lorsqu'elle le voit déjà
vivant, déjà homme, déjà réclamant les secours de sa mère! Croyez-vous
donc que la nature ait donné aux femmes ces globes gracieux pour orner
leur sein, et non pour nourrir leurs enfants?.. Est-il permis de méconnaître
l'habileté de la nature, quand on voit ce sang créateur, après avoir, dans
son atelier mystérieux, formé le corps de l'homme, remonter à la poitrine
aux approches de l'enfantement, prêt à fournir les éléments de la vie, prêt à
donner au nouveau-né une nourriture déjà familière? Aussi, n'est-ce pas sans
raison que l'on a cru que, si la semence a naturellement la force de créer
des ressemblances de corps et d'esprit, le lait possède des propriétés semblables et non moins puissantes... Pourquoi donc avilir cette noblesse
innée avec l'homme, ce corps, cette âme formés à leur origine d'éléments
qui leur sont propres? Pourquoi la corrompre, en leur donnant, dans un lait
étranger, une nourriture dégénérée? Que sera-ce si celle que vous prenez
pour nourrice est esclave ou de mœurs serviles, ce qui arrive le plus souvent, si elle est méchante, difforme, impudique, adonnée au vin? car la
plupart du temps c'est au hasard que l'on prend la première femme qui a
du lait. Souffrirons-nous donc que cet enfant, qui est le nôtre, soit infecté
de ce poison contagieux? Souffrirons nous que son corps et son âme sucent
une âme et un corps dépravés? Certes nous ne devons pas nous étonner,
d'après cela, si trop souvent les enfants des femmes pudiques ne ressemblent à leur mère ni pour le corps ni pour l'âme... Il est encore une considération qui n'échappera à personne, et que l'on ne peut dédaigner: les
femmes qui délaissent leurs enfants, qui les éloignent de leur sein, et les
livrent à des nourrices étrangères, brisent ou du moins affaiblissent et re-
lâchent ce lien sympathique d'esprit et d'amour par lequel la nature unit les
enfants aux parents. A peine l'enfant confié à des soins étrangers n'est-il
plus sous les yeux de sa mère, que la force, l'énergie brûlante du sentiment
maternel s'affaiblit peu à peu, s'éteint insensiblement. Tout le bruit de
cette impatience, de cette sollicitude de mère fait silence; et le souvenir de

Jean-Jacques Rousseau l'a dit avec éloquence et vérité (1) : « Que les femmes daignent nourrir leurs enfants, les mœurs vont se réformer d'elles-mêmes, les sentiments de la nature se réveiller dans tous les cœurs, l'État se repeupler ; ce point seul va tout réunir. L'attrait de la vie domestique est le meilleur contre-poison des mœurs. Le tracas des enfants que l'on croit importun devient agréable ; il rend le père et la mère plus nécessaires, plus chers l'un à l'autre ; il resserre entre eux le lien conjugal. Quand la famille est vivante et animée, les soins domestiques font la plus douce occupation de la femme et le plus doux amusement du mari. Ainsi, de ce seul abus corrigé, résulterait bientôt une réforme générale ; bientôt la nature aurait repris tous ses droits ; qu'une fois les femmes redeviennent mères, bientôt les hommes redeviendront pères et maris. »

---

l'enfant abandonné à une nourrice s'efface presque aussi vite que le souvenir de l'enfant qui n'est plus. De son côté, l'enfant porte son affection, son amour, toute sa tendresse sur celle qui le nourrit, et sa mère ne lui inspire ni plus de sentiment, ni plus de regret que si elle l'avait exposé. Ainsi s'altèrent, ainsi s'évanouissent les semences de piété que la nature avait jetées dans le cœur de l'enfant ; et s'il paraît encore aimer son père et sa mère, ce n'est pas la nature qui parle : il n'obéit qu'à l'esprit de société, qu'à l'opinion. »

Buffon a dit : « Si les mères nourrissaient leurs enfants, il y a apparence qu'ils en seraient plus forts et plus vigoureux ; le lait de leur mère doit leur convenir mieux que le lait d'une autre femme, car le fœtus se nourrit dans la matrice d'une liqueur laiteuse qui est fort semblable au lait qui se forme dans les mamelles ; l'enfant est donc déjà, pour ainsi dire, accoutumé au lait de sa mère, au lieu que le lait d'une autre nourrice est une nourriture nouvelle pour lui, et qui est quelquefois assez différente de la première pour qu'il ne puisse pas s'y accoutumer, car on voit des enfants qui ne peuvent s'accommoder du lait de certaines femmes ; ils maigrissent, ils deviennent languissants et malades... » (*Histoire naturelle de l'homme*, de l'enfance.)

(1) *Émile*, livre Ier.

XVI

HABITUDES D'IMPRÉVOYANCE

ET DE DÉBAUCHE DANS LA CLASSE OUVRIÈRE

> « La population ouvrière est victime d'un défaut qui
> paralyse ses meilleures intentions, et d'un vice qui la
> consume et la démoralise. Le défaut, c'est l'impré-
> voyance; le vice, c'est l'ivrognerie. »
>
> (M. Eugène VÉRON, *Les institutions de Mulhouse et des
> environs.*)
>
> « ... Le seul, le vrai service que l'homme puisse
> rendre à l'homme, est de mettre ceux qui souffrent en
> état de devenir eux-mêmes les instruments de leur
> propre salut. »
>
> (M. Jules SIMON, préface de *l'Ouvrière.*)

Les habitudes d'imprévoyance et de débauche sont malheureusement trop fréquentes parmi les populations ouvrières.
Par un fatal cercle vicieux, l'immoralité engendre la misère,
et celle-ci, de son côté, mène à l'immoralité.

Ce serait tomber dans des redites que de retracer tous
les désordres dont l'ivrognerie particulièrement est la source.
Ce vice, qui enfante le dixième des cas d'aliénation (1), est
peut-être moins commun aujourd'hui qu'autrefois; mais le

---

(1) M. MOREAU DE JONNÈS, *Notice sur les causes physiques de l'aliénation mentale en France.*

goût du cabaret, de la taverne, de l'estaminet, n'a fait que s'accroître avec le nombre de ces établissements. Les plus petites localités en possèdent maintenant ; l'absinthe a envahi les « cafés » des plus modestes villages. — Au cabaret, au café, on ne se contente pas de boire ; on joue la consommation avec les amis, et pour celui des joueurs contre qui la chance a tourné, le produit du travail de la semaine est bien vite placé ! S'il a une famille, c'est sur elle que retombera la gêne. Si sa femme lui adresse de justes reproches, il s'emportera, la brutalisera, ou, pour éviter des « scènes », il retournera s'étourdir au cabaret qu'il ne quittera presque plus. Souvent, lasse de souffrir, la femme abandonnera le toit conjugal et tombera elle-même dans le désordre... Quant aux enfants, ils deviendront ce qu'ils pourront !

La vérité oblige à dire que l'ouvrier n'est pas le seul à qui l'on ait à reprocher ces goûts de dissipation qui portent un si grave préjudice à la vie de famille. Il n'est pas rare que le petit marchand, le boutiquier, passent leurs soirées hors de chez eux, à l'estaminet, avec des confrères qui s'y donnent rendez-vous habituel pour jouer aux dominos, aux cartes, au billard, etc. — Dans un monde plus relevé, Monsieur va au cercle tandis que Madame reste chez elle, reçoit sa société particulière, ou, de son côté, va en visite, au théâtre, au concert. — Voilà comment le désordre se met dans les ménages, et comment l'adultère s'y glisse, souvent de part et d'autre. Bien des maris ne peuvent s'en prendre qu'à eux-mêmes du malheur qui les atteint. Ne sont-ils pas cent fois plus répréhensibles que l'ouvrier qui ne quitte sa maison que parce qu'il y voit de trop près la gêne, la misère, et pour qui le besoin de se distraire, de s'étourdir, est bien plus excusable ? « Plus on y songe, plus on est porté à l'indulgence pour les classes qui vivent péniblement de leur main. Non pas qu'il y ait lieu de ménager le blâme à ces ouvriers qui n'ont pas la force de s'abstenir; mais il faut se souvenir en même temps de ce qu'il en coûte pour avoir cette force dans toutes les positions et les circonstances de la vie (1). »

Les maisons de débauche n'ont pas de meilleurs clients que ceux qui font également la prospérité des cafés et cabarets. On peut affirmer, avec M. de Magnitot (2), que « sur cinquante individus qui les fréquentent, il en est quarante qui ne s'y rendent que sous l'influence d'un excès de boisson. »

Pour combattre les habitudes d'imprévoyance et de débauche dans la classe ouvrière, bien des mesures ont été employées ou conseillées. Il n'est pas sans intérêt de les examiner successivement pour signaler leur plus ou moins d'efficacité.

On a pensé (3) que, si l'on arrivait à restreindre le nombre des établissements où tant de malheureux viennent s'abrutir et dissiper les ressources de leur famille, on atténuerait sensiblement le mal immense qui résulte de l'ivrognerie. « Rendez », dit-on, « les occasions plus rares », et l'on invoque le décret du 29 décembre 1851 qui, rendu le lendemain de graves événements, et sous des préoccupations purement politiques, soumet à la nécessité d'une autorisation l'ouverture de tout débit de boisson.

C'est tout simplement une nouvelle restriction au principe de la liberté du travail et de l'industrie que l'on demande; déjà pour ce seul motif, le moyen proposé rencontre peu

---

(1) M. Louis Reybaud, *Condition morale, intellectuelle et matérielle des ouvriers qui vivent de l'industrie du coton.*

(2) *De l'assistance en province*, p. 185.

(3)   *Id.,*   p. 161 et suiv.

nos sympathies ; nous l'admettrions cependant s'il nous était démontré que la mesure sera efficace. Mais est-on bien sûr de diminuer le nombre des consommateurs en restreignant celui des cabarets ? Ne serait-ce pas plutôt aider à la fortune des établissements qui seraient maintenus avec un véritable privilége ? Nous avons tout lieu de le craindre. — L'autorité administrative est armée, à l'endroit des cabarets comme de tous les lieux publics, d'un droit de surveillance : qu'elle en use avec rigueur ! Qu'elle veille avec soin, par exemple, à ce que les boissons qu'on y débite ne soient pas frelatées, — à ce que l'heure fixée pour la fermeture soit toujours observée, — à ce qu'il ne s'y passe rien de contraire aux bonnes mœurs : voilà son droit et son devoir. Ne demandons rien de plus à l'administration, et cherchons d'autres moyens de combattre les funestes tendances qui assurent à ces maisons une aussi nombreuse clientèle.

Que dire des arrêtés pris par certains préfets ou maires, dans une intention assurément fort louable, mais qui parfois a égaré le zèle de ces magistrats ?

A la date du 26 août 1861, le préfet de la Meuse fait défense aux cabaretiers de recevoir les gens ivres ou de laisser boire les consommateurs jusqu'à l'ivresse, à peine d'être traduits devant le tribunal de simple police, sans préjudice des mesures administratives autorisées par le décret du 29 décembre 1851. — Nous comprenons à merveille la première défense, celle de recevoir les gens ivres. Le cabaretier est coupable s'il spécule sur l'abrutissement du malheureux qui, succombant déjà sous un excès de boisson, se présente dans son établissement ; mais nous éprouvons quelque scrupule quant à la défense de laisser boire les gens jusqu'à l'ivresse. Le cabaretier peut-il être réputé connaître exactement la *capacité* du client qui aura souvent fait une première station au cabaret voisin, et à qui un verre de vin de plus suffira peut-être pour déterminer l'ivresse ?

Le même arrêté ajoute : « Tout individu en état d'ivresse scandaleuse sera arrêté et conduit à ses frais dans la maison municipale, et traduit, s'il y a lieu, en simple police.—Tout individu trouvé ivre mort ou hors d'état de se diriger sera traduit en simple police, comme prévenu d'avoir mis obstacle à la sûreté et à la liberté de la circulation. »

Ici encore, nous ferons nos réserves. Que veut dire cette épithète de *scandaleuse* appliquée à l'ivresse ? Est-ce que le point de savoir si l'ivresse est ou n'est pas scandaleuse, et est ainsi de nature ou non à motiver l'arrestation, sera laissé à l'appréciation des agents de la police ? — Le préfet aurait dû, croyons-nous, se borner à déclarer que tout individu trouvé ivre mort ou hors d'état de se diriger, serait traduit en simple police pour obstacle à la sûreté et à la liberté de la circulation. Cette application de l'article 471, paragraphe 15 du Code pénal, serait parfaitement logique sans avoir rien d'abusif.

Ce n'est que dans certaines limites que nous réclamerions, pour notre part, l'intervention du législateur, et indépendamment des deux dispositions dont nous venons de reconnaître la légalité et l'efficacité *(défense aux cabaretiers de recevoir des gens ivres ; — application d'une peine de simple police à l'individu trouvé ivre mort ou hors d'état de se diriger, comme coupable d'avoir mis obstacle à la sûreté et à la liberté de la circulation)*, nous nous contenterions d'exprimer le vœu que les dettes de cabaret fussent assimilées aux dettes de jeu pour lesquelles aucune action n'est accordée en justice (1).

M. de Magnitot a signalé avec raison la déplorable in-

---

(1) Code civil, art. 1965.

fluence qu'exerce sur les habitudes des populations le nombre toujours croissant des foires et marchés. L'intérêt, dit-il (1), n'est souvent que celui de deux ou trois cabaretiers. C'est un temps considérable enlevé aux travaux des gens de la campagne. « Qu'on y ajoute l'argent de l'épargne qui va s'engloutir sans profit au cabaret, et les occasions de faiblesse, d'égarement, de libertinage, que la jeunesse recherche avec une sorte d'avidité dans ces circonstances, et l'on aura la mesure des avantages et des dangers comparatifs qui se rattachent à la fréquentation des foires. »

A l'appui de ces observations, M. de Magnitot ajoute que, dans le département de la Nièvre, dont il était préfet, on compte cinq cent quarante-trois foires, outre les marchés hebdomadaires qui, se tenant au chef-lieu de chaque canton ou dans les communes importantes, ne représentent pas moins de mille trois cents dix journées enlevées, chaque année, au travail. Quelle multiplicité des occasions de débauche et de dépense au profit des cafés et cabarets !

Il serait du devoir des conseils généraux de résister aux demandes de création de nouvelles foires, ou, du moins, de ne s'y montrer favorables qu'autant que le commerce et l'industrie y seraient vraiment intéressés.

Les sociétés de secours mutuels, dont les avantages ne sont malheureusement pas encore assez appréciés, contribueront, dans une large mesure, à faire disparaître peu à peu l'ivrognerie et la débauche, car elles impliquent de la part des sociétaires une mutuelle surveillance sans laquelle le fonds social serait bientôt épuisé. La plupart des règlements de ces sociétés prévoient, en effet, le cas où l'inconduite d'un sociétaire pourrait motiver son exclusion.

---

(1) *De l'assistance en province*, p. 186.

D'après les statuts de la caisse générale d'assistance mutuelle établie à Munster (Haut-Rhin), le sociétaire malade, rencontré dans un cabaret, est déchu de son droit à l'assistance. Qui sait si ces utiles associations ne sont pas appelées à produire à la longue et d'une manière indirecte, en France, tout le bien que, dans d'autres pays, des sociétés qui n'auraient chez nous aucune chance de succès ont pu réaliser : nous voulons parler des *sociétés de tempérance.*

Les bureaux de bienfaisance sont à même d'aider à ce résultat. Ainsi, à Cambrai, tout individu inscrit sur les listes, qui ne se rend pas exactement à son atelier le lundi, est privé de secours. Cette mesure est rigoureuse, sans doute, mais la condition de renoncer à de funestes habitudes est-elle exorbitante pour celui qui est à la charge de la société ?

Que n'a-t-on pas tenté pour essayer de déraciner cette fatale coutume du *lundi ?* — Certains patrons ont changé le jour de la paye ; d'autres tiennent la main à ce que l'ouvrier vienne à l'atelier ce jour-là, et ils congédient, après plusieurs avertissements, celui qui s'obstine à chômer. — Tout cela est bon, mais de pareilles mesures, pour être réellement efficaces, demanderaient à être généralisées (1).

---

(1) Ce que l'ouvrier devrait savoir, et ce à quoi malheureusement il ne songe pas, c'est que le *lundi* constitue sur le salaire de celui qui s'y livre, et même exerce aussi sur le salaire de ceux qui ne s'y livrent pas, un prélèvement qui a pour effet d'amoindrir et de déprimer constamment les salaires. Voici, sur les fatales conséquences du *lundi*, quelques réflexions sensées, dont les travailleurs ne sauraient trop se pénétrer : « ... L'ouvrier qui fait le lundi, qui, sur six jours, en retranche un, établit volontairement sur son salaire, sur son travail, rien que par la perte du temps, un impôt du sixième ; il s'enlève cette ressource à lui-même.

« Est-ce tout ? C'est bien autre chose ! Ce sont toutes les dépenses bonnes ou mauvaises qu'on fait ce jour-là et qui rognent les autres ressources.

Ce serait aussi beaucoup faire pour la moralité de la classe laborieuse que de rechercher les moyens de lui procurer, les jours de repos, d'honnêtes délassements. La multiplication des orphéons, des fanfares, est l'un de ces moyens. Nous croyons, avec M. Audiganne, qu'il serait possible de diminuer la clientèle du cabaret en organisant quelques concerts pour les ouvriers de l'usine. « Comment, dit-il, régler l'emploi du dimanche ? — Voilà une question d'une importance capitale, au point de vue moral et au point de vue économique. Destiné à élever les âmes vers une région supérieure à la vie habituelle, tout en laissant aux forces physiques un temps de repos, ce saint jour a perdu son caractère : il est devenu une occasion d'épanouissement pour tous les instincts matériels, et il coûte souvent à l'homme plus de fatigue que la plus rude journée de travail. Il appar-

---

Est-ce tout encore ? C'est la fatigue qu'on apporte le lendemain à l'atelier, les mauvaises dispositions, l'animosité quelquefois contre le patron, l'heure ou les heures de retard; c'est de l'ouvrage mal fait qui accroît les causes de difficultés ; c'est la perte de l'adresse, de l'habileté de main, c'est ensuite le risque bien naturel d'être le premier ou les premiers renvoyés..... Il y a plus, pendant ce lundi que vous faites, vous désorganisez l'atelier. Vous avez des camarades plus zélés, ou ayant plus que vous besoin de leur salaire de ce jour, et qui travaillent comme à l'ordinaire : c'est très-bien; mais, faute de vous, peut-être, telle commande pressée ne pourra pas être livrée; telle pièce qui ne peut être finie qu'avec le travail réuni de celui-ci ou de celui-là, ne pourra pas être terminée; telle opération qui est désavantageuse quand il n'y a pas un certain nombre d'ouvriers employés, une certaine quantité de matière mise en œuvre, comme pour une fonte, par exemple, ou ne sera pas faite, ou, si elle est faite, coûte que coûte, parce qu'il faut la livrer, elle laissera au patron de la perte... Les gens qui ont des ateliers un peu considérables, et qui ne craignent pas de dire franchement ce qu'ils sont obligés de faire, reconnaissent qu'ils font entrer dans leurs frais généraux les pertes inévitables que leur occasionne le chômage du lundi. Or, quand les frais généraux prennent une part plus forte, c'est le salaire qui est rogné d'autant... » (M. Frédéric Passy, *Conférence sur l'instruction et la moralité*, 1868.)

Combien Franklin avait-il raison de dire : « Un vice coûte plus cher à nourrir que deux enfants ! »

tiendrait aux chefs des grands établissements d'instituer quelques divertissements publics accommodés aux goûts de la population laborieuse. » — C'est là une louable pensée, assurément.

Channing a dit excellemment (1) : « Pourquoi ne fait-on pas du dimanche un moyen de progrès plus efficace?.. Le dimanche ne devrait pas rester ce qu'il est aujourd'hui pour la multitude : un jour monotone et sans profit. On peut lui prêter un nouvel intérêt et une nouvelle sainteté. Il peut donner une nouvelle impulsion à l'âme de la nation. »

A Anlezy (Nièvre), le comte de Damas a établi au milieu de son parc un gymnase de jeux qui est ouvert, les jours de fête et les dimanches, aux jeunes gens du village. « Ceux-ci, dit M. de Magnitot (2), au lieu de se rendre au cabaret, ont accepté avec reconnaissance l'occasion qui leur était offerte d'occuper agréablement et honnêtement leurs loisirs. » —A Dornach (Haut-Rhin), M. Engel Dollfus vient d'organiser un cercle d'ouvriers. A côté de ses admirables ateliers de blanchissage, d'impression, de gravure, etc., on est heureux de trouver des salles spécialement consacrées à l'instruction et aux divertissements des travailleurs et de leur famille. Ces salles, construites avec intelligence, peuvent servir pour des conférences littéraires ou scientifiques, des représentations théâtrales, des exercices gymnastiques, des réunions de famille, et, chose vraiment digne d'éloges, ce patronage si éclairé, si dévoué, se dissimule avec un tact infini pour laisser aux ouvriers le plus d'initiative possible. Ce sont les présidents des différents groupes de travailleurs qui décident du choix de ces divers délassements et en arrêtent le programme. — A Janville (Orne), M. Boissière,

(1) Œuvres sociales. *De l'éducation personnelle.*
(2) *De l'assistance en province,* p. 233.

directeur de la verrerie du Gast, a créé un orphéon et une musique instrumentale. Des jeux de toutes sortes sont mis, le dimanche et les jours de fête, à la disposition des ouvriers. — Dans plus d'une usine, on rencontre des preuves analogues d'une sollicitude fort louable : l'*Enquête du Xe groupe de l'Exposition universelle* de 1867 est fort intéressante à consulter à cet égard.

Il est un sentiment qui fait souvent ce que n'auraient pu faire ni la raison, ni les bons conseils, ni même les mesures de rigueur : c'est le sentiment de la propriété. Ce qui s'est passé à Mulhouse (1) prouve d'une manière éclatante que faciliter à l'ouvrier l'acquisition de la maison qu'il habite, faire de lui un propriétaire désormais fixé dans le pays avec sa famille, c'est l'encourager de la manière la plus sûre et la plus efficace à l'épargne ; c'est, par suite, apporter à son imprévoyance et à son inconduite le plus vigoureux obstacle, c'est stimuler en lui l'amour du foyer, les saintes affections de la famille. C'est en même temps rendre à la société entière un éminent service, car c'est faire désormais de l'ouvrier un membre utile et dévoué de cette société qu'il n'est amené à maudire que parce qu'il en supporte trop souvent les charges sans participer à ses avantages. Nous ne sommes point ici dans le domaine de l'utopie, dans le pays des chimères, puisque le remède que nous indiquons est déjà appliqué avec un entier succès. (L'Alsace, et Mulhouse en tête, ont donné un noble exemple qui ne peut manquer d'être suivi, et que des hommes d'élite, à Reims, ont résolu d'imiter.

---

(1) Voir le rapport de M. le docteur PENOT sur les *Cités ouvrières du Haut-Rhin*. (*Bulletin de la société industrielle de Mulhouse*, séance du 30 août 1865.)

Honneur à ces hommes généreux qui, chaque fois qu'une idée nouvelle a été mise en avant, se sont empressés de la patronner ! Honneur à cette société industrielle de Mulhouse, qui, sans posséder aucune autorité officielle, a su conquérir une influence morale si précieuse ! Honneur à la ville où la concurrence se déploie dans la sphère de la bienfaisance bien plus encore que dans le domaine de l'industrie !

Le gouvernement pourrait, à notre avis, seconder d'une manière très-efficace ce mouvement, localisé jusqu'ici, en n'épargnant pas à ceux qui s'y seraient le plus activement associés les distinctions qui, en France, ont conservé encore leur prestige malgré l'abus qu'on en a fait. S'il est un homme qui mérite d'être honoré aux yeux de ses concitoyens, c'est bien celui qui, n'écoutant pas les calculs d'un froid égoïsme et comprenant que l'ouvrier est, lui aussi, un homme, s'applique à le relever à ses propres yeux, à améliorer sa situation matériellement et moralement, à le suivre partout, dans l'atelier où il travaille, dans le modeste logement qu'il occupe, depuis le berceau jusqu'à la vieillesse.

Pour nous résumer, nous dirons : l'imprévoyance, la débauche, l'ivrognerie, peuvent être combattues par les diverses mesures que nous avons indiquées ; la dernière surtout sera efficace. « C'est dans le cœur de l'homme, » comme l'a dit J.-B. Say (1), « qu'il faut chercher les moyens de fonder de bonnes mœurs. Au lieu de s'attacher à vaincre ses désirs, il faut s'en servir, il faut rendre la vertu profitable. Le vice est hideux, rendons-le funeste. »

Cette même pensée, Bastiat l'a exprimée en ces termes : « La société doit peut-être passer par ce prosaïque état où les hommes pratiqueront la vertu par calcul, pour de là s'éle-

---

(1) *Olbie.*

ver à cette région plus poétique où elle n'aura plus besoin de ce mobile (1). »

---

(1) *Sophismes économiques*, deux morales.

XVII

ÉMANCIPATION PRÉMATURÉE DE LA JEUNESSE.

« M. le Bachelier, à qui j'ôte mon chapeau, que
savez-vous en religion ? Rien. — Entrez-vous parfois à
l'église ? Jamais. — Que faites-vous le matin ? Je fume.
— Et le soir ? Je polke. »

(TIMON, *Peu ! Peu !* p. 21.)

Qui n'a vu dans la vitrine des marchands de gravures
les tableaux qu'on vend sous ce titre : *Comme on fait à
Paris son droit et sa médecine ?*— Voilà pourtant la repro-
duction exacte de la manière dont la majeure partie de la
jeunesse se prépare à l'exercice des professions libérales
et à la pratique des vertus domestiques

Passant tout à coup, sans transition, de la forte discipline du lycée à une indépendance sans limites, le jeune
homme qui ne peut terminer ses études sous l'œil vigilant
de sa famille (c'est le cas du plus grand nombre), se trouve
abandonné à lui-même, à l'âge où il a le plus besoin de
direction. Et que devient-il alors, au milieu des séductions
de toute nature dont il est entouré ? S'il réussit tant bien
que mal à passer ses examens, il aura conquis un diplôme,
c'est vrai ; mais ramènera-t-il toujours au foyer l'enfant de
la maison ?

L'émancipation prématurée de la jeunesse est un mal
sérieux. Comment y remédier ? Faut-il prolonger pour l'étudiant le casernement du lycée ? Faut-il soumettre les écoles

de droit, de médecine, etc., au régime de l'internat, comme l'École polytechnique, l'École normale, l'École supérieure de commerce, etc., tout en y admettant, à titre d'externes, ceux des jeunes gens qui résideraient dans leur famille? — Rien ne s'y opposerait, sans doute, et cette organisation serait préférable au système actuel. Toutefois, nous sommes de l'avis de M. Adolphe Garnier : il convient de ménager aux jeunes gens le passage de la vie surveillée à la complète indépendance qui, tôt ou tard, doit leur appartenir, et nous conseillerions plutôt le placement des élèves que les familles ne peuvent retenir auprès d'elles dans des maisons particulières dont les chefs arrêteraient, de concert avec les parents, le degré de surveillance nécessaire (1).

Il y a lieu de s'étonner, ainsi que l'a fait remarquer un honorable conseiller à la Cour de cassation, mort récemment (2), que, dans une époque aussi féconde que la nôtre en spéculations de toute nature, il ne s'en soit pas formé dans le but si moral de soustraire les jeunes gens aux périls d'une liberté prématurée, dans le but d'offrir aux familles des garanties précieuses d'assiduité, de travail et de bonne conduite.

---

(1) La substitution du demi-pensionnat à l'internat dans les lycées et collèges serait aussi bien désirable. Les élèves étrangers, confiés à des familles de la ville, seraient logés et nourris par elles ; ils ne demanderaient à l'école publique que l'instruction. — Les mœurs en France ne sont pas, il est vrai, dans cette voie; mais le devoir de tout homme soucieux des intérêts et de l'avenir du pays est de les y amener. L'éducation, qui doit marcher de pair avec l'instruction, ne se donne, en effet, que par la famille; l'Université ne la donne pas et ne peut la donner, par une raison toute simple, c'est que ce n'est pas son affaire : nous n'allons pas jusqu'à dire, avec le spirituel et malicieux M. de Cormenin, « *parce qu'elle a sans cela bien assez de choses à ne pas apprendre aux jeunes gens.* » (*Feu! Feu!* p. 90.)

(2) M. SEVIN, *De l'organisation des Facultés de droit.* (*Revue critique de législation et de Jurisprudence*, février 1866.)

De son côté, le ministre de l'instruction publique devrait organiser le système des études dans les différentes facultés et écoles préparatoires, de telle sorte que l'étudiant fût contraint de travailler toute l'année, d'une manière sérieuse, régulière, et non pas seulement à la dernière heure, quelques semaines, quelques jours avant l'examen.

Pourquoi n'y aurait-il pas des examens trimestriels ou semestriels, obligatoires, qui permettraient de classer les étudiants par ordre de mérite, avec fixation d'un certain nombre de points au-dessous duquel ils ne seraient pas admis à subir les épreuves de fin d'année ? Il y aurait avantage à adopter une pareille mesure, aussi bien sous le rapport scientifique que sous le rapport moral : en astreignant l'étudiant à suivre plus exactement les leçons des professeurs et à travailler en dehors des cours pour satisfaire aux épreuves obligatoires de chaque trimestre ou de chaque semestre, elle élèverait le niveau des connaissances qu'il emporte de l'école; en même temps, elle rendrait plus difficile la vie de dissipation, à laquelle, dans la situation présente, il se laisse si facilement entraîner (1).

---

(1) Nous avons peine à nous expliquer que l'autorité qui a un pouvoir discrétionnaire sur les bals et lieux publics ait accordé à un industriel la permission d'ouvrir *trois fois* par semaine, à Paris, dans le quartier des Écoles, un établissement où les étudiants se rendent, hélas ! plus assidument qu'aux cours de la Faculté. Il s'agit de la fameuse *Closerie des lilas*. Mettre trois fois par semaine à la portée des jeunes gens de nos Écoles d'aussi dangereuses distractions, n'est-ce pas, dans le vrai sens du mot, *favoriser habituellement la débauche de la jeunesse ?*

TROISIÈME PARTIE

LES RÉFORMES

TROISIÈME PARTIE

LES RÉFORMES

Il nous reste à indiquer les réformes qu'il y aurait utilité pour les mœurs à introduire dans la législation.

Voici celles qui, à nos yeux, seraient les moins contestables comme les plus urgentes :

I. — Révision des dispositions répressives des attentats aux mœurs, notamment des articles 331 et 334 du Code pénal ;

II. — Modification de l'article 340 du Code civil qui interdit d'une manière absolue la recherche de la paternité hors mariage ;

III. — Modification des dispositions relatives a l'adultère ;

IV. — Modification de l'article 144 du Code civil qui fixe l'age auquel on peut contracter mariage ;

V. — Modification des articles 148 et 150 du Code civil qui exigent, il est vrai, le consentement de la mère ou celui de l'aïeule, pour le mariage de ses enfants ou petits-enfants, mais qui, en fait, ne tiennent nul compte de leur volonté ;

VI. — Simplification des formalités exigées par le Code civil pour la célébration du mariage ;

VII. — Extension de la communauté légale ;

VIII. — Révision des dispositions du Code civil (art. 767) en ce qui touche les droits de succession du conjoint survivant ;

IX. — Modification des dispositions relatives a la séparation de corps et spécialement de la procédure.

Enfin, comme le rétablissement du divorce a été réclamé dans l'intérêt même des mœurs, nous ferons connaître notre sentiment sur une question aussi importante. Ce sera l'objet d'un dernier chapitre sous cette rubrique :

X. — Examen de la question de l'indissolubilité du mariage.

RÉVISION DES DISPOSITIONS RÉPRESSIVES

DES ATTENTATS AUX MŒURS,

NOTAMMENT DES ARTICLES 331 ET 331 DU CODE PÉNAL

« Au-dessus des inconvénients de telle ou telle disposition, au-dessus des obstacles qui surviennent dans
la pratique,... s'élèvent des principes qui veulent être
respectés à tout prix, et le plus sacré de ces principes, c'est la pureté de l'âme humaine. »

(M. E. Legouvé, *Histoire morale des femmes*, p. 74.

Aux termes de l'article 332 du Code pénal, l'attentat à la
pudeur commis avec violence est plus ou moins sévèrement
puni selon que la victime avait ou non plus de quinze ans
accomplis.

D'après l'article 331 du même Code, modifié par la loi du
13 mai 1863, l'attentat à la pudeur commis sans violence
est punissable toutes les fois que la victime a moins de treize
ans accomplis.

Pourquoi treize ans seulement, dans cette dernière hypothèse ? — Est-ce qu'à cet âge on peut affirmer que l'enfant
est capable de donner un consentement réfléchi, qu'il a une
conscience entière de ses actes ? Non, évidemment, puisque
le Code pénal (art. 66) exige que, lorsqu'un accusé a moins

de seize ans, on examine la question de savoir s'il a ou non agi avec discernement. — D'ailleurs, si quelques exceptions se rencontraient, quel inconvénient sérieux y aurait-il à prémunir l'enfant contre ses propres entraînements et une dégradation précoce ?

Que le législateur mette donc les différentes dispositions du Code pénal répressives des attentats aux mœurs plus en harmonie entre elles, et, puisqu'il se préoccupe de la multiplicité des actes honteux dont l'enfance est victime, qu'il n'hésite pas à prendre des mesures plus efficaces pour lui assurer le respect qu'elle mérite et pour protéger les familles !

S'il craint d'aller trop loin dans cette voie, qu'il recule au moins jusqu'à quinze ans la limite d'âge de l'article 331 du Code pénal. Ce sera toujours soustraire deux années à la débauche la plus révoltante et rétrécir ainsi le cercle dans lequel elle peut se mouvoir impunément.

L'article 334 du même Code appelle aussi une réforme. Il a pour but, on le sait, de sévir contre ceux qui excitent, favorisent ou facilitent la débauche ou la corruption de l'un ou de l'autre sexe au-dessous de l'âge de vingt et un ans; mais, pour qu'il y ait délit, le Code veut qu'il y ait *habitude*. « Donc, une femme ou un homme perdu s'introduisant chez des gens honorables corrompent-ils leur fille au profit de quelque acheteur, la loi ne sévit pas contre eux; ils corrompent par accident, une fois n'est pas coutume (1) ! »

Il n'y a même pas exception pour les pères et mères !... s'ils trouvent une occasion avantageuse de vendre leur fille,

---

(1) M. E. Legouvé, *Histoire morale des femmes*, p. 65.

et qu'ils soient assez misérables pour vouloir la saisir, ils le peuvent sans avoir rien à redouter des rigueurs de la loi. Du moment où le marché a été assez lucratif pour leur permettre de ne pas continuer un commerce aussi infâme, ils sont hors de l'atteinte de l'article 334.

Dans un haut intérêt de moralité publique, nous souhaiterions de voir supprimer le mot *habituellement* dont se sert l'article 334 du Code pénal.

II

MODIFICATION DE L'ARTICLE 340 DU CODE CIVIL

QUI INTERDIT D'UNE MANIÈRE ABSOLUE

LA RECHERCHE DE LA PATERNITÉ HORS MARIAGE

> « S'il est une loi qui m'a paru la honte de la civilisation, c'est celle qui interdit la recherche de la paternité, qui met ainsi le sexe le plus faible à la discretion du plus fort, et permet à l'homme de chasser celle qu'il a séduite avec le fruit de ses entrailles. »
>
> (M. Jules FAVRE, *Plaidoirie dans l'affaire Armand. Le Droit* du 26 mars 1864.

Il y avait, sans nul doute, nécessité de réformer l'ancienne législation; mais ne pouvait-on corriger les abus sans se jeter dans un autre extrême? Pourquoi, en cette matière, avoir violé le principe si salutaire de responsabilité inscrit dans l'article 1382 du Code civil (1) ? — Pourquoi n'avoir pas tenu compte de cette autre règle consacrée par les articles 1358 et 1360 du même Code, d'après lesquels « le serment décisoire peut être déféré *sur quelque espèce de contestation que ce soit.... et encore qu'il n'existe aucun commencement de preuve de la demande ?*

---

(1) Art. 1382. « *Tout fait quelconque de l'homme, qui cause à autrui un dommage, oblige celui par la faute duquel il est arrivé, à le réparer ».

La recherche de la paternité, dit-on, est impossible; la preuve serait incertaine. Mais toute preuve ne l'est-elle donc point? Pourquoi alors autoriser la recherche de la maternité? « Est-il si facile de convaincre une mère, après vingt ans, que tel enfant soit le sien? Vous prouverez peut-être sa grossesse, son accouchement; — mais que de difficultés pour établir l'identité de l'enfant (1) ! » —Quelle raison de ne pas admettre comme équivalant à une preuve la présomption judiciaire « s'éclairant des écrits, de l'interrogatoire sur faits et articles, de la comparution personnelle, du témoignage, ou même se corroborant par le serment supplétoire (2) ? » —Est-ce que la présomption judiciaire ne domine pas tout notre droit? Est-ce qu'elle ne suffit pas quelquefois pour envoyer un homme à l'échafaud? « Voilà une jeune fille dont l'éducation, les antécédents, les habitudes, l'existence dans la famille attestent la pureté; voilà une femme dont toute la vie proteste contre la possibilité d'une souillure; l'une et l'autre ont aimé, se sont données peut-être sur une promesse de mariage; un enfant naît : les juges ne peuvent-ils avoir la conviction raisonnée que le séducteur est le père (3) ? »

Mais, dit-on encore, la recherche de la paternité doit être interdite comme *scandaleuse*. Est-ce que le scandale n'accompagne pas toujours la constatation de certains actes répréhensibles? Est-ce que la recherche de la maternité ne cause aucun scandale? Est-ce que la séparation de corps, le désaveu de paternité à l'égard de l'enfant né dans le mariage, la bigamie, l'inceste, l'enlèvement ne soulèvent point de scandale? Quand l'intérêt de la société est en jeu,

(1) M. E. Legouvé, *Histoire morale des femmes*, p. 72.
(2) Em. Accollas, *L'enfant né hors mariage*, p. 95.
(3)   Id.,   Id.   p. 102.

quand la justice parle et commande, il sied bien, en vérité,
de se retrancher derrière le scandale !

Aux bonnes gens qui redoutent tant le scandale, on peut
dire, pour calmer leurs appréhensions : « Nos présomptions
ne se tourneront contre vous que tout autant que votre
passé y donnera lieu, et comptez-vous pour rien le juge ?
Mais nous vous répondrons encore que le droit pénal pourra
renforcer le droit civil, et qu'enfin la procédure viendra à
son tour corriger l'abus possible du mensonge spéculant sur
la crainte du bruit public.

« Le délit de calomnie a fait place dans nos lois à celui de
diffamation. Que, pour ce cas, l'article du Code pénal soit
rétabli et qu'il atteigne la femme ou bien l'enfant qui, par
malice ou esprit de lucre, aura commis une fausse désigna-
tion. Cette mesure préviendra les affirmations téméraires
et réprimera les malveillantes.

« Faites plus, décidez que la procédure comportera une
double instruction devant le juge : la première, toute secrète,
dans la chambre du conseil, aboutissant à une sentence
qui ne recevra de publicité que si elle admet la recherche,
et si, au contraire, elle la rejette, demeurant ignorée de
tous et coupant court, sauf la réserve de l'appel, à tout
procès.

« Cumulez d'autres garanties, celle d'un juge-rapporteur;
organisez et combinez; en assurant le triomphe du droit,
empêchez l'abus de se produire, mais quittez l'argument du
scandale, ce manteau de toutes les lâchetés, ce masque de
toutes les hypocrisies (1). »

« On parle », a dit M. Delvincourt (2), « des résultats

---

(1) M. Em. ACCOLLAS, *loc. cit.*
(2) *Cours de Code civil*, t. Ier, p. 230.

scandaleux que les recherches de paternité peuvent occasionner, des sacrifices que la crainte de pareilles recherches peut imposer à des personnes honnêtes. Mais d'abord
il est très-douteux que de semblables poursuites aient souvent été dirigées contre des personnes d'une vertu exemplaire et d'une réputation intacte. C'eût été trop maladroit
de la part des demandeurs. Il est certain, au contraire,
que ces sortes d'actions étaient presque toujours intentées
contre des hommes d'une réputation plus que douteuse, et
dont la conduite irrégulière donnait la plus grande proba-
bilité à la demande. D'ailleurs, si tel eût été effectivement
le motif de l'article 310, pourquoi l'article 311 permet-il de
rechercher la maternité? Ne peut-il pas en résulter les
mêmes inconvénients? Ne sont-ils pas même d'autant plus
fâcheux, que la réputation d'une femme est plus délicate,
plus facilement entachée? Mais, a-t-on dit, il est possible
de prouver physiquement la maternité, au lieu que la preuve
physique de la paternité est impossible. Mais que l'on prenne
garde qu'il s'agit ici seulement du scandale que ces procès
peuvent occasionner; et, sous ce rapport, une femme a-t-
elle moins à craindre un procès scandaleux? Et si l'on a
pu, comme le prétendent les partisans de l'opinion contraire, former des demandes en paternité, dénuées de tout
fondement, contre des hommes d'une vertu exemplaire,
uniquement pour les contraindre à des sacrifices, pourquoi
n'emploierait-on pas les mêmes moyens à l'égard d'une
femme d'une conduite irréprochable? N'a-t-elle pas à redouter encore plus fortement l'arme terrible de la calomnie,
qui sait si bien s'emparer des moindres circonstances, et
que l'arrêt le plus solennel ne peut désarmer? Et, si elle
est mariée à une personne autre que celui que l'on dit
être le père de l'enfant (car le Code ne distingue pas), sa
situation ne sera-t-elle pas horrible? Et n'est-ce pas surtout dans ce cas qu'elle se croira obligée de faire tous les

sacrifices possibles pour acheter sa tranquillité et le bonheur de son ménage? Sa position n'est-elle pas mille fois
plus pénible que celle du père? Car, il faut le dire, dans
les mœurs actuelles, quel est l'homme qui se croit déshonoré
pour avoir donné le jour à un enfant naturel? Et cependant,
dant, si l'on n'a pas craint d'admettre la recherche de la
maternité, si l'on a pensé que l'intérêt de l'enfant et celui
des familles devaient l'emporter sur toutes ces considérations, qui sont néanmoins de la plus grande force, pourquoi, toutes les fois que l'intérêt des mœurs et celui des
familles l'exigent impérieusement, n'admettrait-on pas les
recherches de la paternité, dont les résultats, comme on
vient de le démontrer, sont infiniment moins dangereux?...
L'on parle de l'impossibilité de prouver la paternité; mais
d'abord, n'y a-t-il pas la possession d'état, qui, de l'aveu
des rédacteurs du Code, est la preuve la plus forte et la
plus solennelle, lorsqu'elle réunit le *nomen, tractatus* et
fama? En outre, quel inconvénient y aurait-il donc à se
conformer, sur ce point, à la marche adoptée par les an-
ciens tribunaux? Ils faisaient résulter la preuve de la paternité de celle du concubinage. Ce n'était qu'une présomption, dira-t-on; cela est vrai, mais la légitimité des enfants
conçus dans le mariage est-elle fondée sur autre chose que
sur une présomption, et même qui, dans plusieurs circonstances, approche bien moins de la vérité? Supposons, en
effet, l'homme le plus honnête, époux d'une femme liber-
tine. Quand même les juges seraient pleinement convaincus, comme hommes, qu'il n'y a eu entre les époux aucune
espèce de cohabitation, et que les enfants sont en conséquence le fruit de l'adultère, ils n'hésiteront cependant pas à
les déclarer légitimes, par la seule raison qu'il n'est pas
impossible que le mari ait coopéré à leur conception. Sur
cette seule présomption, ils seront forcés de laisser des
enfants étrangers s'introduire dans la famille du malheu-

reux époux. L'on a vu même, et cela devait être ainsi, la mère condamnée comme adultère, et l'enfant dont elle était accouchée déclaré légitime, sur la seule présomption qu'il pouvait être l'enfant du mari. Et l'on craindrait d'employer la même présomption contre l'homme dont le libertinage est prouvé!... Le fornicateur, l'adultère, sont certainement bien moins favorables que le mari; et cependant l'on adjuge au mari l'enfant de la femme adultère, toutes les fois qu'il est possible qu'il y ait eu cohabitation. Pourquoi donc refuserait-on d'adjuger au fornicateur ou à l'adultère dont le crime est prouvé, l'enfant né de la femme avec laquelle il vivait en mauvais commerce au moment de la conception, surtout lorsqu'il s'agit de prévenir la violation des dispositions les plus sacrées des lois naturelles ou civiles? D'ailleurs, la recherche de la paternité est une sauvegarde pour les mœurs. Si l'homme qui vit en mauvais commerce n'a à craindre aucune des suites qui peuvent en résulter, croit-on qu'il sera plus disposé à renoncer à ses mauvaises habitudes?... Si, au contraire, il peut craindre que la seule fréquentation d'une femme de mauvaise vie l'expose, lui ou sa mémoire, à un procès désagréable, ne deviendra-t-il pas plus circonspect dans le choix de ses sociétés, et les mœurs n'y gagneront-elles pas infiniment?... »

Bien que sa conclusion soit qu'il faille chercher ailleurs que dans la suppression de l'article 340 du Code civil les moyens de réduire le nombre des enfants naturels, M. Legoyt (1) donne de si bonnes raisons pour cette suppression que son témoignage est précieux à invoquer. « ... Croit-on, » dit-il, « que la faculté de traduire le séducteur devant les tri-

---

(1) *Journal des Économistes* (mai 1868). Des naissances illégitimes en Europe.

bunaux n'est pas accompagnée de difficultés qui font, dans les pays où elle existe, de l'exercice de cette faculté l'exception plutôt que la règle? Sans parler des frais d'un procès, la crainte de donner à sa faiblesse une publicité cruelle n'arrêtera-t-elle pas le plus souvent la fille-mère, et la crainte de flétrir la mémoire de sa mère n'arrêtera-t-elle pas également l'enfant?

« Mais si le droit de rechercher la paternité ne nous paraît pas de nature à prévenir la séduction, il peut en atténuer sensiblement les conséquences douloureuses pour la mère et l'enfant, en obligeant le séducteur, conformément à la plus rigoureuse équité, à réparer, dans la mesure de sa fortune, le tort souvent immense qu'il leur fait à tous deux, et le préjudice moral qu'il a causé, en outre, à toute une famille. Il est même à croire que souvent la crainte du scandale qui rejaillirait également sur lui d'un procès de cette nature, le *déterminerait soit à épouser sa victime, soit à reconnaître l'enfant, soit à leur assurer spontanément des moyens d'existence.*

« Les adversaires du droit de recherche ont argumenté de l'abus qui pourrait en être fait, du trouble que cet abus jetterait dans les familles. Mais quel est le droit dont il ne peut être abusé, et comment supposer que l'abus (qui serait, au surplus, *fort rare,* la spéculation consistant pour la fille-mère à désigner mensongèrement un homme riche comme père de son enfant, supposant une perversité peu commune), que l'abus ne trouverait pas, dans le *droit d'examen des tribunaux, un correctif suffisant?*... La recherche de la paternité existe en Angleterre ; seulement la déclaration de la mère ne suffit plus pour emporter la décision du juge ; cette déclaration peut être repoussée par l'adversaire et appréciée par les tribunaux. Qu'en résulte-t-il? C'est que *la recherche n'a de chances de succès que lorsqu'elle est justifiée par des faits certains.*

« Dans ces conditions, son introduction ou, plus exactement, son rétablissement dans notre droit civil actuel (car
nul n'ignore qu'elle a fait partie du droit français jusqu'au
Code civil) *ne pourrait avoir que des avantages,* non pas,
peut-être, nous le répétons, comme moyen de prévenir la
séduction, mais comme une ressource pour les deux victimes
de cette séduction, la mère et l'enfant, et, par conséquent,
comme un *moyen de réduire le nombre des avortements et
des infanticides...* »

En prohibant d'une manière absolue la recherche de la
paternité hors mariage, le législateur moderne se flattait
d'assurer le repos des familles et la paix publique. Les statistiques criminelles sont là pour montrer à quel prix ce
prétendu repos est assuré.

De 1811 à 1864, nous avons relevé :

55 assassinats de séducteurs par les filles séduites et
   abandonnées ;
4 meurtres ;
108 incendies, inspirés à ces malheureuses par le désespoir ;
60 assassinats ;
25 meurtres commis sur des séducteurs par les parents
   de leurs victimes.

Ajoutez à ces chiffres celui des avortements, des infanticides, des expositions d'enfants, des suicides qui n'ont
d'autre cause qu'un lâche abandon ; comptez toutes les filles
abusées par de fausses promesses, dont la prostitution a
fait sa proie, et félicitez-vous d'assurer, à ce prix, le repos
des familles et la paix publique !

Une objection nouvelle nous sera peut-être faite :

Si la recherche de la paternité est permise, les femmes
ne seront plus retenues par rien; beaucoup s'offriront
d'elles-mêmes, le débordement des mœurs n'aura plus de
limites ! — Voici notre réponse : Il serait faux et injuste de
prétendre que l'attaque vient surtout de la femme. Aux
yeux de tout homme sincère, la séduction s'exerce mille fois
plus, principalement dans les classes ouvrières, de l'homme
sur la femme que de la femme sur l'homme. Or, si l'article 340 du Code civil était modifié, si l'homme avait la
conscience de sa responsabilité, un grand pas serait fait;
on verrait diminuer notablement le nombre de ces char-
mants mauvais sujets qui, grâce à la complicité de la loi et
à l'indulgence de l'opinion, osent se vanter ouvertement de
leurs odieux triomphes, et, sans peur comme sans reproche,
repoussent du pied les créatures qu'ils ont flétries. « A ces
irrésistibles passions qu'inspirent les femmes, passions dont
la moralité publique n'a pas à connaître, les hommes résis-
teront tout à coup avec une vertu dont ils ne se seraient
jamais crus capables, comme ils résistent au désir de prendre les sébiles pleines d'or des changeurs, parce qu'il y a
une loi qui appelle l'exécution de ce désir un vol, et qui
punit le voleur. L'honneur des femmes et le bonheur des
enfants ont bien la valeur d'une pièce d'or (1) ! »

On arrivera en même temps à alléger le budget de l'État
d'une partie de la dépense que nécessite l'entretien des
enfants abandonnés, et on diminuera ainsi, au profit de tous,
les charges qui sont la conséquence des débauches de quelques-uns.

Le législateur a évidemment dépassé le but. Il s'agissait
d'améliorer, non de détruire. Les critiques de l'avocat géné-

---

(1) ALEXANDRE DUMAS fils, *L'affaire Clémenceau*, XIII.

ral Servan no tendaient à rien do plus qu'à l'abrogation de la maxime : « *Creditur virgini se prægnantem asserenti.* » En s'élevant avec raison contre cette maxime absurde, il n'avait en vue que les filles vénales et « d'un état obscur ».

A la prohibition absolue de la recherche de la paternité, l'article 340 du Code civil ne fait qu'une seule exception : c'est celle du cas d'enlèvement. Il ne l'étend pas même au cas de viol !

Depuis quelque temps cet article 340 est vigoureusement battu en brèche. Moralistes, économistes, hommes d'État, romanciers, en ont signalé les funestes conséquences (1). La question de la recherche de la paternité a été traitée par des auteurs sérieux, le roman s'en est emparé naguère. Elle deviendra de plus en plus pressante, et tôt ou tard la loi actuelle sera modifiée.

La possibilité de l'abus ne doit pas faire repousser le principe. D'ailleurs, il appartient à la loi de prévenir ces abus, et à la justice de les réprimer. Avec une loi bien faite et prudemment appliquée, les chances d'erreur ne seront pas plus grandes en cette matière que dans beaucoup d'autres. Enfin, quand même cette loi, dirons-nous avec M. E. Legouvé (2), ne devrait jamais être complétement bonne, il faudrait encore l'établir, car « il est impossible qu'une société vive avec un tel chancre au cœur. L'impunité, assurée aux hommes, double le nombre des enfants naturels ; or, la

---

(1) L'an dernier, dans une réunion publique, salle du Pré-aux-Clercs, à Paris, on s'est occupé de la situation des enfants naturels. Bon nombre d'orateurs ont réclamé avec vigueur et talent la modification de l'article 340 du Code civil.

(2) *Histoire morale des femmes,* p. 73.

moitié des voleurs et des meurtriers sont des enfants naturels. L'impunité nourrit le libertinage ; or, le libertinage
énerve la race, bouleverse les fortunes et flétrit les enfants.
L'impunité alimente la prostitution, détruit la santé publique,
et fait un métier de la paresse et de la licence. L'impunité,
enfin, livre la moitié de la nation en proie aux vices de
l'autre : sa condamnation est dans ce seul mot. »

III

MODIFICATION DES DISPOSITIONS

RELATIVES A L'ADULTÈRE

—◦◦◦◦◦—

« Si l'on juge des actes, non par les conséquences,
mais par les principes, on verra que l'infidélité du
mari n'est pas moins coupable que celle de la femme,
et que souvent même il est plus difficile de lui trouver
des excuses. »

(M. Paul JANET, *la Famille*, p. 70.)

« D'où vient donc que cette association si sainte est
si souvent profanée? J'oserai le dire, c'est à l'inégalité
singulière que l'opinion de la société met entre les
devoirs des deux époux qu'il faut s'en prendre. »

(Mme DE STAEL, *De l'Allemagne*, chap. XIX, de
l'amour dans le mariage.)

Nous avons critiqué les dispositions du Code pénal relatives à l'adultère (Voy. 2ᵉ partie de ce mémoire, III,
page 87), et nous avons reproché à la loi d'être à la fois
faible et inique.

Que dit, en effet, le Code pénal ?

Article 337. « La femme convaincue d'adultère subira la
peine de l'emprisonnement pendant trois mois au moins et
deux ans au plus. »

Article 338. « Le complice de la femme adultère sera puni
de l'emprisonnement pendant le même espace de temps,

et, en outre, d'une amende de cent francs à deux mille francs. »

Article 339. « Le mari qui aura entretenu une concubine dans la maison conjugale, et qui aura été convaincu sur la plainte de la femme, sera puni d'une amende de cent francs à deux mille francs (1). »

Constatons d'abord la faiblesse du châtiment. Comme le dit très-justement M. E. Legouvé (2), un emprisonnement de trois mois ne suffit jamais et un emprisonnement de deux ans ne suffit pas toujours pour punir le crime d'adultère. L'adultère, qui est le vol le plus odieux, est moins fortement frappé que la simple filouterie (3) ! — En ce qui concerne le mari, il en est quitte pour une amende, variable de cent francs à deux mille francs.

Ici la loi n'est plus seulement faible, elle est inique. Pourquoi une pénalité différente ? Pourquoi une simple amende et non la prison qui est infligée à la femme ? Est-ce que, si le mari ne peut payer l'amende, la condamnation qui a été prononcée contre lui ne se résoudra pas en un emprisonnement (4) ? Et dans quel cas le mari pourra-t-il être dénoncé

---

(1) A cette peine s'ajoute la déchéance pour le mari du droit de dénoncer l'infidélité de sa femme. (Code pénal, art. 336.) Disposition qui aboutit ainsi à permettre que l'adultère de l'un des époux serve de laisser-passer à l'adultère de l'autre !

(2) *Histoire morale des femmes*, p. 186.

(3) L'article 401 du Code pénal est, en effet, ainsi conçu : « Les autres vols..., les larcins et filouteries, ainsi que les tentatives de ces mêmes délits, seront punis d'un emprisonnement d'un an au moins et de cinq ans au plus, et pourront même l'être d'une amende qui sera de seize francs au moins et de cinq cents francs au plus. — Les coupables pourront encore être interdits des droits mentionnés en l'article 42 du Code pénal, pendant cinq ans au moins et dix ans au plus... Ils pourront aussi être mis sous la surveillance de la haute police... »

(4) Loi du 22 juillet 1867 relative à la contrainte par corps.

à la justice comme adultère ? Dans le seul cas où « il aura entretenu une concubine dans la maison conjugale. » Hors de là, impunité complète.

Précisons bien le sens du mot « entretenu » dont se sert le Code pour mieux faire ressortir l'iniquité de la loi. Des faits accidentels d'infidélité commis dans la maison commune, sous les yeux de l'épouse, soit avec plusieurs femmes, soit avec la même, ne suffiraient pas pour constituer le mari en état d'adultère dans le sens du Code. Il faut des relations suivies, un état de concubinage. — Mais, au moins, par « maison conjugale », le Code entend peut-être parler du même toit et non pas seulement du même appartement ? Pas le moins du monde ! La concubine du mari loge dans la même maison que la femme légitime, sur le même palier, porte à porte... Il n'y a pas lieu pour la femme à invoquer l'article 339 du Code pénal. La concubine n'est pas dans la maison conjugale (1) !

Le bon sens, la morale et le Code peuvent-ils se trouver en désaccord d'une manière plus drôlatique et plus triste à la fois (2) !

Que dit-on pour justifier de pareilles dispositions qui ouvrent un aussi vaste champ à la licence et aux mauvaises mœurs ? On dit (3) que « l'adultère de la femme est un délit plus grand, parce qu'il entraîne des conséquences plus graves, et qu'il peut faire entrer dans la famille légitime un enfant qui n'appartient point à celui que la loi regarde

---

(1) Voyez M. Demolombe, t. IV, n° 371.

(2) Au Brésil, la peine infligée au mari convaincu d'adultère est la même que celle dont la femme infidèle est possible : un an à trois ans de prison. (Code pénal, art. 250 et 251.) Aux termes de ce dernier article, il y a adultère du mari lorsqu'il est établi que celui-ci a nourri et entretenu une concubine, peu importe où.

(3) Exposé des motifs présenté par M. Faure au Corps législatif.

commo pèro » ; qu'à l'égard du mari, dans tout autre cas
quo celui do l'entretion d'une concubino dans la maison
conjugale, « les recherches dégénéreraient souvent en inqui-
sition. »

Sans aller aussi loin quo Pothier, auquel ils ont fait tant
d'emprunts, les rédacteurs do nos codes pensaient au fond
commo co jurisconsulto dont la droite raison no s'est pas
révoltée lorsqu'il écrivait ces lignes : « ...Il n'appartient pas
à la femme, qui est uno inférieure, d'avoir inspection sur la
conduito do son mari, qui est son supérieur. Elle doit pré-
sumer qu'il lui est fidèle, et la jalousie no doit pas la porter à fairo des recherches sur sa conduite (1). »

Oui, sans doute, l'adultère do la femme est plus funeste
dans ses conséquences quo celui du mari, partant il est
plus coupable ; mais le législateur s'est montré vraiment par
trop indulgent pour l'époux qui trahit ses serments. Regar-
dez-y do près, et vous verrez quo do désastres matériels
sortent do l'adultère du mari, dont lo désordro, au surplus,
produit souvent celui de la femme. « Dans les ménages du
peuple, c'est la ruino mêmo... Dans les familles riches, c'est
l'ébranlement do la fortuno domestique. Au fond do presque
toutes les faillites, do toutes les spéculations hasardeuses,
on trouve l'adultère du mari (2). »

Voltairo paraît logiquo lorsqu'il dit : « L'adultére est un
crimo en moralo, mais il no peut être un délit punissable
par les lois : 1° parce quo, si vous avez égard à la violation
do serment, la punition do la femme no peut être juste à
moins quo la loi no condamne le mari convaincu d'adultère
à la mémo peine ; — 2° si vous avez égard au crimo de

---

(1) *Traité du contrat do mariage*, partio VI, chap. iii, n° 516.
(2) M. E. Lecouvé, *Histoire morale des femmes*, p. 188.

donner à une famille des héritiers étrangers, il faudrait donc prouver alors que le délit a été consommé ; or, c'est ce qui est impossible, sinon par l'aveu de la coupable... (1). »
—· Mais nous ne saurions admettre sa conclusion, et c'est, à notre avis, se placer à un point de vue entièrement faux que de prétendre que l'adultère est moins un délit contre la société que contre l'époux, qu'il blesse dans son amour-propre, sa propriété et ses affections. La loi, qui doit protéger et garantir le mariage, ne saurait demeurer indifférente à ce qui porte une si grave atteinte à la sainteté de l'institution. — Jean-Jacques Rousseau était bien mieux inspiré lorsqu'il écrivait : « Ce n'est pas seulement l'intérêt des époux, mais la cause commune de tous les hommes, que la pureté du mariage ne soit point altérée. Chaque fois que deux époux s'unissent par un nœud solennel, il intervient un engagement tacite de tout le genre humain de respecter ce lien sacré, d'honorer en eux l'union conjugale... Le public est en quelque sorte garant d'une convention passée en sa présence ; et l'on peut dire que l'honneur d'une femme pudique est sous la protection spéciale de tous les gens de bien. Ainsi quiconque ose la corrompre pèche : 1° parce qu'il la fait pécher, et qu'on partage toujours les crimes qu'on fait commettre : — il pèche encore directement lui-même, parce qu'il viole la foi publique et sacrée du mariage, sans lequel rien ne peut subsister dans l'ordre légitime des choses humaines (2). »

Nous devons relever dans l'article 308 du Code civil une anomalie ou plutôt une injustice contre laquelle nous protestons encore au nom de l'égalité des deux époux devant

---

(1) Politique et législation, *De la bigamie et de l'adultère*. (Note.)
(2) *La Nouvelle-Héloïse*, partie III, lettre xviii.

la morale. Aux termes de cet article, le tribunal *civil* qui prononce contre la femme la séparation de corps pour cause d'adultère doit la condamner, par le même jugement et sur la réquisition du ministère public, à l'emprisonnement. Cette disposition est une dérogation aux principes généraux de notre droit qui ne confient point l'application des peines à la juridiction civile : elle ne peut donc, à raison de son caractère exceptionnel, être étendue, sous prétexte d'analogie, hors des termes dans lesquels elle est conçue, et le tribunal civil n'a pas le droit, dans le cas où c'est contre le mari que la séparation est prononcée pour adultère, de condamner celui-ci à l'amende. Il y aurait excès de pouvoir dans le jugement contenant une semblable condamnation.

La loi n'est pas équitable, avons-nous dit, et nous croyons l'avoir suffisamment démontré ; mais en voici une preuve nouvelle : l'article 324 du Code pénal est ainsi conçu : « Le meurtre commis par l'époux sur l'épouse ainsi que sur le complice à l'instant où il les surprend en flagrant délit dans la maison commune est excusable. » — Le Code ne dit pas : le meurtre commis par le *conjoint* sur la personne du *conjoint* ; il dit formellement : le meurtre commis par l'*époux* sur l'*épouse*. Donc, point d'excuse, aux yeux de la loi, pour la femme éperdue qui frapperait son mari et sa rivale ! Certes, nous comprenons peu ce droit à l'homicide, pour ainsi dire consacré par la loi, et nous préférerions que le soin de faire la part du désespoir, selon les circonstances, fût laissé à la conscience du jury ; mais si une telle disposition doit être conservée, il semble équitable de la modifier en admettant l'excuse pour l'un comme pour l'autre époux.

La conclusion à tirer de tout ce qui précède est celle-ci : Si la loi est faible, si, de plus, elle est inique, il faut la réformer, et voici ce que nous proposerions :

L'adultère devrait être rangé dans la catégorie des crimes, et non pas classé comme simple délit. Au lieu d'une peine correctionnelle, vraiment dérisoire, il serait frappé, sauf le cas de circonstances atténuantes, d'une peine afflictive et infamante. L'adultère du mari, à peu près impuni en l'état actuel, devrait tomber sous le coup de la loi toutes les fois que, sur la poursuite de la femme, son mari serait convaincu de l'avoir outragée dans le domicile conjugal, ou d'avoir entretenu, n'importe où, une concubine, et la pénalité en ce qui le concerne devrait être la même que pour la femme convaincue d'adultère.

En demandant que l'adultère soit puni d'une peine afflictive et infamante, de la réclusion par exemple (sauf le cas de circonstances atténuantes), sommes-nous trop sévère ? Nous ne le pensons pas, en songeant que la bigamie est punie des travaux forcés à temps (1) ; — que la substitution d'un enfant à un autre est punie de la réclusion (2) ; — que certains vols qualifiés sont punis des travaux forcés à temps (3), quelquefois des travaux forcés à perpétuité (4), et même de mort (5) en cas de récidive. — C'est bien moins, du reste, la peine corporelle, la peine afflictive que nous réclamons, que l'infamie qui en est la conséquence, et c'est pour ne pas troubler l'harmonie du Code pénal, qui qualifie de *crimes* les infractions à la loi jugées par les cours d'assises et punies de peines afflictives et infamantes ou seulement infamantes, que nous sommes amené à demander pour l'adultère la peine de la réclusion (sauf, bien entendu,

---

(1) Code pénal, art. 340.
(2)   Id.   art. 345.
(3)   Id.   art. 382, 384 et 385.
(4)   Id.   art. 381 et 383.
(5)   Id.   art. 58, § 7.

lo cas do circonstances atténuantes,) conformément aux principes généraux do notro droit pénal.

En 1819, lo législateur avait fait un pas dans la voie où nous voudrions surtout lo voir entrer. On so rappelle quo, lors do la discussion du projet do loi électorale, lo citoyen (c'est ainsi qu'on s'appelait à cette époque), lo citoyen Pierre Leroux proposa un amendement qui, accueilli d'abord par des rires (choso touto naturelle do la part d'uno assembléo française), donna lieu à uno discussion vivo et animée. Cet amendement consistait à ajouter à la liste des individus qui no pourraient êtro éligibles ceux qui ont été condamnés pour adultère.

L'orateur do la Montagne développa son amendement avec éloquence. « Je prétends », s'écria-t-il, « que, si vous persistez à introduire des éliminations, uno des plus importantes, des plus capitales quo vous puissiez introduire, c'est cello quo propose mon amendement. Celui qui m'a précédé à cette tribuno et qui a voulu me répondro mo fournit lui-mêmo un des plus grands arguments en faveur de mon opinion. En effet, citoyens, qui de vous ne lui a répondu, lorsqu'il est venu dire ici que ce délit d'adultère ne pouvait en aucune façon êtro comparé au vol et aux délits contre la propriété ? mais tout le mondo lui a répondu intérieurement ; car chacun a vu que, dans l'état actuel des choses, il n'y avait pas seulement dans l'adultère un autre crime que dans l'attentat contre la propriété, mais quo, et vu le mélange qui existo aujourd'hui entre la famille et la propriété, l'adultère était un vol au premier chef, qu'il introduisait dans la famillo lo vol et la spoliation. Citoyens, lo peuple qui vous considéro et qui écoute les oracles de votro législation, après avoir tant et si souvent entendu répéter à cette tribuno que les deux bases de la société étaient la propriété et la famille, lo peuple ne comprendrait assurément pas cette législation, si, pour ce que j'appellerai crime, et que le peuple, dans sa moralité, appelle crime aussi, vous n'aviez que de l'indulgence. Il ne comprendrait pas cela, car il n'a jamais compris la destruction de la famille.. Citoyens, le peuple ne comprendrait pas qu'on fît une part dans deux choses qui sont entièrement unies dans le fait actuel, et il ne comprendrait pas qu'on violât en quelque sorte le droit de propriété dans la famille pour protéger l'adultère. »

En vain, le citoyen Billault, rapporteur du projet de loi, combattit l'amendement « *par respect pour la morale publique* » (le motif est piquant !), il fut adopté par deux cent quatre-vingt-six voix contre deux cent vingt-neuf qui le repoussèrent. — Malheureusement la loi du 18 mars 1849 a été remplacée par le décret organique du 2 février 1852, qui ne reproduit pas cette cause d'indignité. Et cependant l'article 15 du décret, dans lequel sont énumérés les individus qui ne doivent pas être inscrits sur les listes électorales, et qui, par conséquent, ne sont ni électeurs ni éligibles, mentionne ceux qui ont été condamnés « pour outrage à la morale publique ou religieuse ou aux bonnes mœurs, et pour attaque contre le principe de la propriété et les droits de la famille », par application de l'article 8 de la loi du 17 mai 1819 et de l'article 3 du décret du 11 août 1848. — Apparemment, aux yeux du législateur de 1852, l'adultère ne constitue ni un outrage à la morale publique, ni une attaque contre les droits de la famille !.. Un tel oubli ne nous paraît rien moins que scandaleux, alors qu'une foule de cas d'indignité ont été prévus, et qu'on a eu soin d'écarter les condamnés pour mendicité, pour délit d'usure, pour infraction à la loi prohibitive des loteries, etc., etc.

Un législateur qui tiendrait sérieusement à faire respecter les mœurs n'hésiterait pas à frapper d'indignité et à exclure, au moins temporairement, de toutes fonctions publiques des gens beaucoup plus indignes que ceux qu'il prend soin d'écarter. Il serait nécessaire, à notre avis, de proclamer hautement que les fonctions publiques no dispensent pas les citoyens des vertus domestiques, et conséquemment do déclarer les individus condamnés pour adultère incapables, au moins pour un certain temps, d'être électeur, éligible, maire, conseiller municipal, juré, membre d'un conseil de prud'hommes, magistrat, fonctionnaire public, etc. Les lois spéciales qui réglent les conditions d'aptitude à ces diverses fonctions ou carrières les interdisent à des personnes cent fois moins indignes que l'individu reconnu coupable d'adultère.

C'est avec justice que la loi du 9 juin 1853 sur les pensions civiles a décidé (article 13) que le droit à pension n'existe pas pour la veuve, dans le cas de séparation de corps prononcée sur la demande du mari. Mais cette disposition n'a sans doute été inspirée que par le sentiment fiscal qui a dicté la loi.

Tant que notre législation en matière d'adultère n'aura pas été revisée dans le sens de l'égalité morale des deux époux, nous répéterons, avec un auteur moderne (1), ce mot de saint Grégoire de Nazianze : « *Non probo hanc legem; eam mares tulerunt, ideo feminas tantum sequitur et incessit.* »

---

(1) M. Ach. Morin, *Répertoire général et raisonné de droit criminel*, article *Adultère*.

IV

MODIFICATION DE L'ARTICLE 144 DU CODE CIVIL

QUI FIXE

L'AGE AUQUEL ON PEUT CONTRACTER MARIAGE

« Il est absurde de penser que deux enfants, l'un
de quinze ans et l'autre de dix-huit, soient propres à
fonder une famille. »

(Rossi, *Cours d'économie politique*, 17ᵉ leçon.)

De tous les actes de la vie, le mariage est le plus important; c'est celui qui réclame le plus de maturité et de prévoyance.

Aussi, nous disons, avec l'illustre Rossi (1), qu'il est « absurde de penser que deux enfants, l'un de quinze ans, l'autre de dix-huit ans, soient propres à fonder une famille. » Il y a, pour le mariage, indépendamment de la puberté physique, une puberté intellectuelle et morale. »

Serait-il désirable, serait-il avantageux que la génération tout entière se mariât à l'âge où le Code le permet? Évidemment non. — Pourquoi dès lors l'y autoriser? Ne serait-il pas préférable d'ériger en règle ce qui est conforme à l'in-

---

(1) *Cours d'économie politique*, 14ᵉ et 17ᵉ leçons.

térêt public, sauf, bien entendu, à tolérer, par une exception, ce qui ne sert que l'intérêt privé?

Cette opinion avait, du reste, été exprimée lors de la discussion du Code civil, et il y a lieu de s'étonner qu'elle n'ait pas été adoptée. Le premier Consul trouvait bizarre que la loi autorisât des individus à se marier avant l'âge où elle permet de les entendre comme témoins, ou de leur infliger les peines destinées aux crimes commis avec un entier discernement (1).

Des inconvénients de toutes sortes peuvent résulter des mariages prématurés. — Au point de vue physique, voici ce que dit la science : « Quelques auteurs ont considéré à tort la puberté, ou ces changements presque subits qui s'opèrent à un certain âge chez les jeunes gens de l'un et de l'autre sexe, comme le signe de leur aptitude à la génération. Ces phénomènes sont seulement l'indice d'une disposition organique qui commence à se former : elle n'arrive pas tout à coup au degré qu'il lui est nécessaire d'atteindre pour manifester tous ses effets. Il suffit de considérer la plupart des jeunes gens et des jeunes filles, même les mieux constitués, qui ont à peine dépassé cette époque, pour se convaincre de la justesse de cette assertion. En général, ce ne serait pas sans de graves inconvénients qu'on leur permettrait alors une cohabitation continue. Les actions organiques que provoquent les divers actes de la génération nuiraient aux actions d'accroissement dont toutes les parties de l'économie doivent encore être le siège. Un effet non moins fâcheux de ces unions précoces serait la procréation d'enfants débiles... Ce n'est qu'assez longtemps après l'époque de la puberté que les femmes ont acquis cette constitution qui fait qu'elles

---

(1) Séance du 6 fructidor an ix.

ressentent moins les inconvénients de la grossesse, et qu'elles résistent avec plus d'avantage aux fatigues de l'accouchement... La procréation d'enfants sains et bien constitués n'importe pas moins au bonheur des familles qu'à la prospérité de l'État (1). »

C'est en exagérant ce dernier point de vue que les législateurs de la Grèce avaient interdit le mariage avant trente ans pour les hommes et vingt ans pour les filles. Mais ils se préoccupaient exclusivement des moyens d'assurer à l'État des citoyens vigoureux, et ce n'est pas cette seule considération qui nous doive préoccuper aujourd'hui.

Trop souvent le vice et la misère n'ont d'autre cause, surtout dans la classe ouvrière, que l'imprudence avec laquelle les deux époux se sont unis. Découragé du spectacle affligeant que présente son intérieur, l'ouvrier cherche à s'étourdir, rentre chez lui le moins possible, et finit même quelquefois par abandonner sa femme et ses enfants à la charité publique !

Beaucoup de personnes pensent prévenir chez les jeunes gens les écarts du célibat en les poussant de bonne heure au mariage. Mais, « entre deux maux, ne faut-il pas choisir le moindre? La morale, la religion, peuvent-elles, dans cette circonstance, s'écarter de la règle que suit la politique? Il s'agit de savoir si mieux vaut tolérer quelques jeunes gens de mœurs incorrectes, ou préparer par des mariages imprudents des familles que la misère décime, tandis que, d'un autre côté, la vieillesse prématurée des femmes y attire tous les désordres de la débauche impérieuse et violente des maris, et que l'une et l'autre y donnent naissance à ces crimes affreux et à ces détails honteux dont ne retentissent

___

(1) *Dictionnaire de médecine*, art. *Mariage*, t. XIX, p. 159 et 163.

que trop les cours de justice. Le choix paraît d'autant moins douteux, que les déréglements de la jeunesse peuvent être prévenus, atténués du moins, en lui procurant une éducation religieuse, une instruction suffisante, un travail suivi, et en la soumettant à une discipline que son âge comporte, et qu'on ne saurait imposer à des hommes mariés. Mais si vous poussez les jeunes gens aux mariages précoces; si, au lieu de les appeler à la réflexion, à la prévoyance, aux épargnes, vous secondez leurs penchants physiques et l'entraînement de leur âge; s'ils se trouvent chargés d'enfants, des dépenses qu'ils nécessitent, des soins qu'ils exigent, avant d'avoir formé un établissement raisonnable et quelques économies, que voulez-vous augurer du bien-être, de la moralité, de l'avenir de ces familles (1) ! »

Jean-Jacques Rousseau était du même avis, lorsqu'il posait la question de savoir si, pour préserver un jeune homme, il faut le marier de bonne heure. « C'est incontestablement, » dit-il (2), « l'expédient le plus sûr et le plus naturel. Je doute pourtant que ce soit le meilleur et le plus utile... Je conviens qu'il faut marier les jeunes gens à l'âge nubile; mais cet âge vient pour eux avant le temps; c'est nous qui l'avons rendu précoce; on doit le prolonger jusqu'à la maturité... On peut, au moins, étendre jusqu'à vingt ans l'ignorance des désirs et la pureté des sens : cela est si vrai que, chez les Germains, un jeune homme qui perdait sa virginité avant cet âge en restait diffamé; et les auteurs attribuent, avec raison, à la continence de ces peuples, durant leur jeunesse, la vigueur de leur constitution et la multitude de leurs enfants.

« On peut même beaucoup prolonger cette époque, et il

______

(1) Rossi, *Cours d'économie politique*, 3e édition, t. Ier, p. 312.
(2) *Émile*, livre IV.

y a peu do siècles que rien n'était plus commun dans la
France même. Entre autres exemples connus, le père de
Montaigne, homme non moins scrupuleux et vrai que fort
et bien constitué, jurait s'être marié vierge à trente-trois ans,
après avoir servi longtemps dans les guerres d'Italie. Et
l'on peut voir dans les écrits du fils quelle vigueur et quelle
gaieté conservait le père à plus de soixante ans. Certainement l'opinion contraire tient plus à nos mœurs et à nos
préjugés qu'à la connaissance de l'espèce en général. »

L'article 144 du Code civil devrait, selon nous, être ainsi
rédigé : « L'homme avant vingt et un ans révolus, la femme
avant dix-huit ans révolus, ne peuvent contracter mariage. »

Pour prévenir toute objection et tenir compte des circonstances particulières, on maintiendrait l'article 145, aux
termes duquel il est loisible au chef de l'État d'accorder des
dispenses d'âge « pour des motifs graves. »

V

MODIFICATION DES ARTICLES 148 ET 150 DU CODE CIVIL

QUI EXIGENT, IL EST VRAI, LE CONSENTEMENT DE LA MÈRE

OU CELUI DE L'AÏEULE,

POUR LE MARIAGE DE SES ENFANTS OU PETITS-ENFANTS

MAIS QUI, EN FAIT, NE TIENNENT NUL COMPTE DE LEUR VOLONTÉ

—————

> « L'avis de la mère ne vaut ni pour ni contre. Elle
> ne peut ni marier sa fille, ni l'empêcher de se marier,
> ni la préserver d'un choix fatal, ni la soutenir dans
> un choix heureux. »
>
> (M. E. LEGOUVÉ, *Histoire morale des femmes*, p. 288.

« A quelques égards, » a dit un écrivain de nos jours (1),
« les femmes ne sont encore qu'incomplétement des personnes. »

Nous serions tenté de le répéter. Que dit, en effet, l'article 148 du Code civil ? « Le fils qui n'a pas atteint l'âge
de vingt-cinq ans accomplis, la fille qui n'a pas atteint l'âge
de vingt et un ans accomplis, ne peuvent contracter mariage
sans le consentement de leurs père et mère : en cas de dissentiment, le *consentement du père suffit*. »

—————

(1) M. Victor MODESTE, *Les femmes* (*Journal des économistes*, septembre
1861.)

Ainsi, le père consent, la mère refuse, le mariage se fera; — le père refuse, la mère consent, le mariage n'aura pas lieu.

A quoi bon exiger que la mère soit consultée, si son avis, lorsqu'il diffère de celui du père, ne doit jamais être pris en considération?

Cette annihilation de l'influence maternelle, en pareille occurence, nous paraît, comme à M. E. Legouvé (1), « funeste, car le coup d'œil de la mère porte ailleurs et plus loin que celui du père. Le père s'inquiète de la fortune, de la carrière, de la position de son gendre; la mère prend plus de souci des rapports sympathiques qui l'uniront à sa fille. Le père le juge mieux comme homme; la mère le juge mieux comme gendre... Tous deux voient la vérité, mais de profil; leurs deux points de vue réunis forment seuls l'ensemble. Tous deux doivent donc être appelés. »

Lorsque M. Jourdain, le plaisant héros de la comédie de Molière (2), annonce l'intention qu'il a de donner en mariage sa fille au fils du grand-turc, et que Mme Jourdain, encore dans l'ignorance du stratagème employé, combat ce projet avec énergie, elle laisse échapper ce cri du cœur : « Elle est à moi aussi bien qu'à vous ! » — Il nous semble que le législateur a trop oublié que les enfants appartiennent à la mère non moins qu'au père, et qu'en toute justice les articles 148 et 150 du Code civil qui annihilent le droit de la mère et celui de l'aïeule devraient être modifiés.

Pourquoi ne pas déclarer, si l'on ne veut point laisser le

---

(1) *Histoire morale des femmes*, p. 288.
(2) *Le Bourgeois-Gentilhomme*, acte V, sc. VII.

sort de l'enfant en suspens au cas de partage, que, lorsque le père et la mère ou l'aïeul et l'aïeule ne seront pas d'accord, le consentement de l'un des deux suffira? Pourquoi, ce qui vaudrait mieux, ne pas faire trancher la difficulté par un conseil de famille? Que le législateur avise, mais qu'il ne réduise plus l'autorité de la mère ou de l'aïeule à une autorité purement fictive et vraiment dérisoire! — Est-ce qu'il n'y a pas maintes circonstances dans lesquelles la volonté du mari est tenue en échec? Est-ce que la femme est toujours contrainte à s'incliner passivement devant les décisions de son époux? Est-ce que le Code (1) ne donne pas souvent à la justice le droit d'intervenir? Eh bien! lorsqu'il s'agit de l'avenir, du bonheur de son enfant, peut-on refuser à la mère, à la femme, la protection, les garanties qui lui sont offertes quand il n'y va que de ses biens?

---

(1) Articles 218, 219, 1449, 1535, 1538, 1555 et 1556.

VI

SIMPLIFICATION DES FORMALITÉS

EXIGÉES PAR LE CODE CIVIL

POUR LA CÉLÉBRATION DU MARIAGE

> « En vérité, le législateur n'aurait pas été plus
> prodigue de précautions, s'il se fût agi d'un acte
> dangereux pour la société. »
>
> (M. A. LEGOYT, *Des conditions d'accroissement de la
> population française, comparée aux autres popu-
> lations européennes.*)

Il y aurait profit pour la morale à réduire les nombreuses
et coûteuses formalités auxquelles est subordonnée la célébration du mariage en France. On sait, en effet, que bien
des ouvriers rebutés par ces formalités sont amenés à vivre
dans une situation irrégulière, et que le concubinage, malheureusement si commun dans les grandes villes, n'a pas
souvent d'autre cause. Or, quand on relit les dispositions du
Code civil sur la matière, on est frappé des obstacles de
toute nature que le législateur, dans un intérêt assurément
très-respectable, a semés, pour ainsi dire, sur les pas des
jeunes gens qui veulent fonder une famille nouvelle.

En exigeant jusqu'à vingt-cinq ans pour le fils, jusqu'à

vingt et un ans pour la fille, le consentement de leurs ascendants, la loi a sagement fait. Il convenait de protéger les jeunes gens contre l'entraînement de leurs passions, à un âge où la raison a encore si peu d'empire.

Quant aux *actes respectueux* qui sont imposés au fils après vingt-cinq ans, à la fille après vingt et un ans, nous nous demandons s'il n'y aurait vraiment pas avantage à les supprimer.

Sans avoir besoin que la loi l'y oblige, l'enfant bien élevé prendra toujours conseil de ses parents avant de contracter une union d'où dépend le bonheur de sa vie et qui intéresse jusqu'à un certain point sa famille. Il sait, d'ailleurs, que mépriser les avis de ses père et mère, ce serait s'exposer à se voir refuser tout concours financier à une union qu'ils désapprouveraient. Est-il bon, d'autre part, d'imposer aux enfants, au delà de l'âge où la loi leur permet de se marier à leur gré, des formalités qui aboutissent, en définitive, à constater solennellement l'impuissance paternelle? Car, est-on bien sûr que la nécessité de recourir à des *actes respectueux* ramène beaucoup d'enfants à d'autres sentiments, que le retard apporté à la réalisation de leurs projets en décide un grand nombre à n'y pas donner suite (1)? N'est-il pas à craindre, au contraire, que les difficultés ainsi suscitées à des jeunes gens, souvent dominés par la passion, n'excitent davantage l'ardeur de leurs désirs et ne les entraînent soit à un acte de désespoir (on connaît le triste dénouement de plus d'une histoire d'amour!), soit à des relations illégitimes qui, par des circonstances diverses, quelquefois par l'inconstance de l'homme ou sa lassitude, viennent à se rompre, en laissant à une femme, trop tard désabusée, d'é-

---

(1) Les actes respectueux varient entre 1,400 et 1,500, chaque année. On en compte généralement, au témoignage de M. Legoyt, 1 pour 200 mariages.

ternels remords, et aux enfants qui ont pu naitre de cette liaison réprouvée le stigmate de la bâtardise ?

En tout cas, si l'on reconnaissait l'absolue nécessité du maintien des *actes respectueux,* il resterait à examiner s'il ne serait pas opportun d'abréger les délais fixés par le Code. *Un mois* d'intervalle entre chaque acte ! *Un mois* d'attente après le dernier acte ! N'est-ce pas trop exiger ?

Aux termes de l'article 173 du Code civil, « le père, et, à défaut du père, la mère, et, à défaut des père et mère, les aïeuls et aïeules, peuvent former opposition au mariage de leurs enfants et descendants, encore que ceux-ci aient vingt-cinq ans accomplis. »

Ce droit d'opposition accordé aux ascendants est *absolu ;* ils ne sont même pas obligés de faire connaitre leurs motifs, et l'officier de l'état civil ne peut procéder au mariage qu'autant qu'il lui est produit un jugement ordonnant main-levée de l'opposition, lequel jugement, bien entendu, est susceptible d'appel.

Que de frais, que de temps pour arriver au triomphe d'une opposition qui peut n'avoir aucun fondement sérieux !

Tel qu'il existe actuellement, l'article 173 du Code civil consacre un droit arbitraire. Nous souhaiterions que l'opposition des ascendants, pour être recevable et faire surseoir à la célébration, dût être toujours fondée sur des motifs de nature à former prohibition légale.

Nous avons peine également à admettre que le droit d'opposition accordé par l'article 174 du Code civil à certains cas prévus (1), soit étendu au *cousin germain* et à la *cou-*

---

(1) « 1° Lorsque le consentement du conseil de famille, requis par l'article 160, n'a pas été obtenu ; — 2° Lorsque l'opposition est fondée sur l'état de démence du futur époux... »

sine germaine. La loi ne va-t-elle pas trop loin ? N'aurait-elle pas dû se borner à accorder cette faculté au *frère* et à la *sœur*, à l'oncle et à la *tante ?*

En cas d'impossibilité de produire leur acte de naissance, les futurs sont admis à présenter un *acte de notoriété,* délivré par le juge de paix, sur la déclaration de sept témoins ; mais cet acte doit être soumis à l'*homologation* du tribunal de première instance du lieu où se fera la célébration (Code civil, art. 70, 71, 72).—Cette homologation qui, nous le craignons, n'est qu'une pure formalité, et qui, au surplus, occasionne des frais et des retards, est-elle bien essentielle ?

Lorsque les père et mère ou aïeuls et aïeules ne peuvent assister à la cérémonie, l'acte qui constate leur consentement au mariage doit être *authentique* (Code civil, art. 73). — Est-il indispensable d'imposer en pareil cas la dépense, si peu élevée qu'elle soit, d'un acte notarié ? Une attestation du maire, du juge de paix ne remplirait-elle pas le but de la loi ?

Le mariage ne peut être célébré que dans la commune où l'un des futurs réside depuis six mois au moins (Code civil, art. 74). — Est-il absolument nécessaire d'exiger une résidence de six mois ? Un moindre délai, trois mois par exemple, ne suffirait-il pas ?

Le mariage doit être précédé de deux publications faites à une distance de huit jours l'une de l'autre, et il ne peut être célébré que trois jours à partir de la deuxième (Code civil, art. 63 et 64). — Ne vaudrait-il pas mieux supprimer la seconde publication et aviser à ce que le projet d'union reçoive une publicité *sérieuse*, car, dans les grandes villes, cette publicité, en fait, n'existe pas ?

Toutes ces observations nous paraissent dignes d'être examinées. Aux États-Unis, le consentement des conjoints suffit pour valider le mariage, quand il est contracté devant un ministre de leur culte. Certes, nous sommes loin de réclamer l'adoption d'une législation aussi peu formaliste, mais nous pensons qu'il y aurait lieu de reviser les dispositions du Code civil pour en supprimer des exigences onéreuses ou inutiles (1).

---

(1) La loi anglaise est d'une simplicité remarquable: sans la citer comme modèle, il est bon de la faire connaître, et nous croyons intéressant de reproduire l'analyse qu'en a faite M. Legoyt (*Journal des Économistes*, août 1867, p. 226, 227) : « Lorsque les époux (qui ont le choix entre le mariage civil et religieux, tous deux également valables devant la loi) ont opté pour le premier, il peut être passé outre à sa célébration devant l'officier de l'état civil, sept jours après la déclaration faite à cet officier de l'intention des parties de s'unir. La célébration doit seulement être précédée de l'affirmation par les parties, sur la foi du serment: 1° qu'il n'existe, à leur connaissance, aucun obstacle légal au mariage pour fait de parenté ou d'alliance au même degré; 2° qu'une d'elles réside, depuis quinze jours au moins, dans la circonscription de l'officier de l'état civil; 3° que (si elles ne sont pas en état de veuvage ou si elles ont moins de vingt et un ans), elles ont le consentement de leurs parents ou de ceux qui les représentent. — Il est vrai qu'en cas de fausse déclaration sur ces divers points, les coupables peuvent être poursuivis sous l'accusation du crime de parjure, et toutes les libéralités qu'ils ont pu se faire par leur contrat de mariage sont nulles de plein droit. »

VII

EXTENSION DE LA COMMUNAUTÉ LÉGALE

En adoptant comme régime de droit commun le régime de la communauté, le Code civil a rendu hommage au principe essentiel de l'union conjugale qui doit être, suivant la belle définition du jurisconsulte romain « consortium omnis vitæ. » Mais le législateur est loin d'avoir tiré les conséquences du principe qu'il a posé. « Cette communauté intime des époux ne repose encore qu'en germe dans le Code... L'union des biens, à laquelle devait conduire naturellement l'union des personnes, ne comprend, par une distinction singulière, que les biens meubles, en laissant les biens immeubles en dehors de la communauté conjugale... La différence introduite entre les meubles et les immeubles ne tient qu'à de fausses notions d'économie; elle ne repose sur aucun principe, elle n'a pas de raison d'être dans la société actuelle. Cent mille francs de rente en inscriptions sur le Grand-Livre tombent dans la communauté, et une bicoque de cent écus n'y tombe pas... C'est parce que les immeubles étaient considérés comme beaucoup plus précieux que les meubles, qu'ils ont été laissés en dehors de la communauté.

Que devient cette assertion en face du développement immense de la richesse mobilière?

« Du reste, cette communauté temporaire qui aboutit à un partage, et qui appelle à l'hérédité les parents de l'un des époux, autres que les enfants communs, répond-elle à l'essence du mariage? Pour le mari, la femme n'est-elle pas devenue la famille la plus proche, et réciproquement?... Le mariage, envisagé dans sa perfection absolue, n'est point la réunion temporaire de deux existences qui conserveraient chacune leur sphère matérielle; les droits de chacun ne sont pas destinés à se développer côte à côte sans se mêler ni se confondre : ils doivent se pénétrer réciproquement, en s'absorbant dans une harmonieuse unité... Le régime des *propres*, effacé dans les successions, revit dans le contrat de mariage; l'unité du Code est brisée... (1) »

Nous n'avons rien à ajouter à ces critiques de l'un des maîtres actuels de la science économique, et nous concluons par le vœu d'une révision complète du chapitre II du titre du Contrat de mariage (2).

La communauté *universelle*, tel est le régime qui répond le mieux à l'essence de l'union conjugale, et qui, par conséquent, devrait être le régime de droit commun des époux, à *défaut de stipulations contraires*.

---

(1) M. Wolowski, *De la société conjugale*.

(2) M. L. Kœnigswarter, dans son *Histoire de l'organisation de la famille en France*, p. 285, appelle aussi la réforme de la communauté légale, « système bâtard et tronqué, » qui pèche par le manque de logique en conservant l'existence des propres et des acquêts, tandis que cette distinction des biens, d'après leur origine, a été radicalement abolie dans les autres parties de notre législation.

VIII

RÉVISION DES DISPOSITIONS DU CODE CIVIL (ART. 767)

EN CE QUI TOUCHE

LES DROITS DE SUCCESSION DU CONJOINT SURVIVANT

> « Évidemment notre loi civile n'est pas, sur ce point,
> à la hauteur des véritables principes de la morale et
> de la famille. »
>
> (M. L. KŒNIGSWARTER, *Histoire de l'organisation de
> la famille en France*, p. 293.)

La disposition de l'article 767 du Code civil qui n'appelle
l'époux survivant à hériter de son conjoint qu'à défaut de
parents au douzième degré et même après les enfants naturels, s'il y en a, ne saurait être maintenue. Elle a trop de
fois été critiquée (1) pour qu'il soit besoin d'en faire ressortir l'anomalie, ou plutôt l'injustice.

Voici deux époux que la mort sépare inopinément. Pen-

---

(1) Cette critique s'est produite dans ces dernières années devant l'Académie
des sciences morales et politiques par l'organe de M. Batbie. (*Révision du
Code civil*, mémoire lu dans les séances des 23 et 30 décembre 1865.) — Voir
l'excellente dissertation de M. Le Sénécal dans la *Revue critique de législation*, avril 1868.

dant de longues années, joies ou tristesse, opulence ou dénûment, tout avait été commun entre eux ; leurs deux êtres confondus n'en formaient moralement qu'un seul. Si le *de cujus* a été négligent, imprévoyant, si le temps lui a manqué pour disposer de ses biens, la loi sur les successions, qui est pourtant « le testament présumé de toute personne qui n'en a pas fait (1) », au lieu de suppléer à cette négligence, à cet oubli, fait passer avant le conjoint survivant tous les successibles légitimes quels qu'ils soient jusqu'au douzième degré inclusivement, et lui préfère ainsi l'arrière petit-fils du cousin issu de germain du bisaïeul du défunt !

Ce n'est pas tout : l'enfant, fruit d'unions éphémères réprouvées par la morale et par la loi, l'enfant naturel évince l'époux ! ce dernier n'a le pas que sur le fisc. « Il était l'un des premiers dans les affections du défunt ;... la loi le repousse au dernier rang. Peut-être avait-il été riche, honoré, respecté. En rompant les liens qui l'unissaient au *de cujus,* la mort peut, sans transition, le réduire à la misère, dans un âge où souvent il n'aura plus le courage et la force nécessaires pour se reconstituer un nouvel avenir.

« C'est surtout à l'égard de la femme, moins énergique à lutter contre les coups du sort, que les dispositions de la loi peuvent avoir les plus déplorables effets. Elle porte encore le nom de celui qui n'est plus. Toute son existence se rattache aux souvenirs qu'il a laissés, « *vidua adhuc coruscat radiis mariti;* » mais la mémoire de son époux ne saurait la sauver du dénûment et des dédains qui, trop souvent, accompagnent la pauvreté... Navrant spectacle que celui de cette malheureuse tout à coup déchue (2) ! »

---

(1) Exposé des motifs de la loi relative aux successions.

(2) M. Le Sénécal, *Des droits du conjoint survivant dans la succession de l'epoux prédécédé.* (*Revue critique de législation,* avril 1868)

Il est vrai que, si le conjoint survivant a des enfants ou autres descendants issus du défunt, il pourra leur demander une pension alimentaire, mais, hors ce cas, il n'aura rien, absolument rien à réclamer.

Pour l'honneur du mariage, et si l'on veut tenir compte de la volonté présumée du défunt, il faut évidemment faire cesser l'oubli déplorable dans lequel le législateur de 1804 a laissé le conjoint survivant.

A notre avis, le droit de survie du conjoint devrait consister en un *usufruit,* plus ou moins considérable, suivant le nombre ou la qualité des héritiers en présence desquels il se trouverait placé. Nous n'admettons pas la pensée d'une attribution en pleine propriété, et cela pour une raison tirée de la volonté présumée du *de cujus.* S'il est tout naturel en effet, que l'on songe en mourant à assurer l'avenir de son conjoint, il est anormal que l'on veuille enrichir les parents de ce dernier au préjudice de ceux que l'on a soi-même. En accordant au conjoint survivant un simple droit d'usufruit, la loi concilierait tous les intérêts.

Il nous semblerait équitable de fixer cet usufruit à *un quart* des biens lorsque, le défunt laissant des enfants ou petits-enfants, il n'y aurait pas plus de trois enfants existants ou représentés, et à *une part d'enfant* seulement dans le cas où ils seraient en plus grand nombre. On pourrait attribuer la *moitié* des biens en usufruit au conjoint qui, à défaut de descendants, se trouverait en présence des père et mère du défunt, de ses frères ou sœurs ou descendants d'eux ; — les *trois quarts,* lorsque les héritiers appelés par la loi seraient des ascendants autres que le père et la mère, — et enfin la *totalité* de l'usufruit, lorsque le défunt n'aurait laissé, pour lui succéder, que des collatéraux ordinaires.

Dans l'hypothèse où le *de cujus* aurait un ou plusieurs

enfants naturels vivants ou représentés, la part héréditaire de ces derniers subirait l'usufruit du conjoint dans la proportion de leur émolument, tel que l'a fixé l'article 757 du Code civil.

Si le *de cujus,* n'ayant pas d'héritiers légitimes au degré successible, ne laissait que son conjoint et un ou plusieurs enfants naturels, il serait attribué à chacun des ayants droit une portion égale de l'hérédité, en restreignant celle du conjoint à un usufruit.

Enfin, si le *de cujus,* enfant naturel lui-même, était décédé sans postérité, on pourrait, dans les hypothèses prévues par les articles 765 et 766 du Code civil, donner au conjoint survivant l'usufruit de toute la succession, en maintenant, toutefois, aux père et mère naturels le droit de retour que l'article 747 du Code civil réserve aux ascendants donateurs.

Le droit de survie du conjoint ne devrait point, selon nous, être l'objet d'une réserve légale, car il ne convient pas d'assurer indistinctement à tout époux survivant un avantage qui ne doit être que la récompense du devoir accompli. Chaque époux conserverait la faculté d'apprécier si son conjoint est digne ou non de ses libéralités, et de lui retirer ou réduire, au moyen de dispositions entre-vifs ou testamentaires, l'avantage que la loi lui eût conféré.

Serait *déchu* du droit en question le conjoint contre lequel une *séparation de corps,* non suivie de réconciliation, aurait été prononcée, à la requête du prémourant.

Ce même droit prendrait fin par le *convol* du bénéficiaire. L'époux qui se remarie brise, en effet, le dernier lien qui le rattachait au *de cujus;* il répudie sa mémoire et rompt avec son passé. Or, ce qui nous préoccupe, c'est la volonté présumée du défunt, et il est certain que, sauf de très-rares exceptions, le testateur (homme ou femme) qui a disposé en faveur de son conjoint se serait abstenu de le faire s'il avait supposé que ce dernier dût se consoler du veuvage par une autre union.

IX

MODIFICATIONS DES DISPOSITIONS

RELATIVES A LA SÉPARATION DE CORPS,

ET SPÉCIALEMENT DE LA PROCÉDURE

———— oono ————

> « Que la loi renonce donc, en fait de séparation, à
> d'imprudentes exigences, dont elle ne peut attendre
> aucun profit pour les intérêts mêmes qu'elle prétend
> protéger. »
>
> (M. BRICÉSIRE, *La liberté dans l'ordre intellectuel et
> moral*, chap. II. *La Famille*, p. 91.)

A la différence du divorce qui brisait le mariage, et qu'il convient, selon nous, de ne pas rétablir, la séparation de corps ne fait qu'en relâcher les liens. Une réconciliation est toujours possible, et elle est tellement dans le vœu de la loi qu'il n'est pas besoin de jugement pour mettre à néant la décision de la justice qui a prononcé la séparation.

La procédure en matière de séparation de corps donne lieu à une critique que nos propres observations, lorsque nous faisions notre stage d'avocat, nous ont mis à même de reconnaître comme étant parfaitement fondée.

Aux termes de l'article 878 du Code de procédure civile, le président du tribunal, s'il ne peut concilier les époux, les autorise à se pourvoir dans la forme ordinaire, et la cause est instruite, dit l'article 879, comme les autres demandes, c'est-à-dire que désormais les gens de loi, avoués et avocats, seront chargés de mener l'affaire à bonne fin. Si les griefs de l'époux demandeur ne sont pas suffisants, on les exagérera, on en trouvera d'autres ; — l'époux défendeur, s'il craint de succomber, sera conseillé de demander reconventionnellement la séparation pour des motifs que la finesse des avoués saura bien découvrir. — Enfin, lorsque sera venu le jour des débats, en présence d'un nombreux public, les deux avocats rivaliseront à qui mieux mieux pour couvrir d'ignominie l'adversaire de leur client ; les correspondances intimes seront lues, commentées ; les secrets de l'alcôve dévoilés... et après cette joute oratoire, on se flatte que les époux seront tentés, dans un avenir plus ou moins prochain, de reprendre la vie commune ! Mais, le voudraient-ils, le respect humain le plus souvent les en empêchera.

Voici de quelle manière nous comprendrions que toute demande en séparation de corps fût instruite : elle devrait être soumise à l'appréciation d'un conseil de famille, composé, par exemple, des trois plus proches parents du mari et des trois plus proches parents de la femme, sous la présidence d'un membre du tribunal civil. C'est dans cette assemblée qu'aurait lieu la tentative de réconciliation qui s'opère actuellement devant le président du tribunal. L'intervention affectueuse de proches, intéressés à éviter le scandale et les suites d'une rupture, serait, à n'en pas douter, plus efficace que celle d'un magistrat, si honorable, si bienveillant qu'on le suppose (1). Dans le cas où une réconciliation immédiate ne pourrait être obtenue, le conseil de

---

(1) De 1844 à 1867 inclusivement, les présidents des tribunaux ont vu comparaître devant eux 63,423 couples demandant à se séparer ; leur tentative de réconciliation a été vaine dans 52,661 affaires !

famille donnerait son avis sur l'opportunité de prononcer la séparation, et le tribunal statuerait, en la chambre du conseil, sur le rapport de celui de ses membres qui aurait présidé l'assemblée de famille. Le jugement qui prononcerait la séparation serait, seul, rendu à l'audience, sans énoncer de motifs, et publication en serait faite comme l'exige l'article 880 du Code de procédure civile.

Ainsi, plus d'entremise d'officiers ministériels ayant intérêt à pousser les choses à leurs dernières limites ; plus de ces débats dont chaque époux ne sort qu'après avoir été publiquement roulé dans la boue par l'avocat de son conjoint ; *le linge sale serait lavé en famille ;* le scandale d'un procès n'ajouterait plus à l'amertume des ressentiments, et devant la réconciliation si désirable des époux ne se dresserait plus le mur du respect humain.

D'après les articles 229, 230, 231, 232 et 306 du Code civil, la séparation de corps ne peut être demandée que pour l'une de ces trois causes déterminées : 1° *adultère de la femme, ou entretien, par le mari, d'une concubine au domicile conjugal ; —* 2° *Excès, sévices, injures graves ; —* 3° *Condamnation du conjoint à une peine infamante.*

Si la procédure en matière de séparation était modifiée dans le sens des observations que nous venons de présenter, il nous semblerait également à propos de supprimer cette énumération *limitative* des causes de séparation qui n'est pas sans danger, car elle peut conduire des époux dont l'existence commune est intolérable (sans toutefois qu'il y ait eu injures publiques ou sévices exercés devant témoins), à provoquer un éclat afin de se trouver dans les conditions requises pour que la demande soit recevable. Que de tristes comédies le législateur a suggérées par ses exigences !

La condamnation de l'un des époux à une peine infamante est pour l'autre conjoint une cause de séparation

(Code civil, article 232). — Un éminent jurisconsulte,
M. Demolombe, a fait à ce sujet une remarque pleine de
justesse : « c'est que les peines se trouvent, à certains égards,
si peu en rapport avec le sentiment public sur le degré
d'immoralité des faits auxquels elles s'appliquent, qu'il en
est qui, bien que punis d'une peine infamante, flétrissent
beaucoup moins celui qui les commet que d'autres actes
frappés seulement de peines correctionnelles. « Si un misérable », dit-il (1), « est condamné pour vol, à cinq années
d'emprisonnement, sa femme ne pourra pas demander la
séparation de corps. Elle le pourra, au contraire, si son
mari est un juge qui a encouru la dégradation civique pour
s'être immiscé, par un règlement quelconque, dans l'exercice du pouvoir législatif. »

Une disposition qui peut conduire à de tels résultats est
condamnée par le bon sens.

La séparation de corps dispense les époux de la vie commune. Or, comme le mari n'est passible de condamnation
pour adultère qu'autant qu'il a tenu sa concubine dans la
maison conjugale, et que, chacun des époux ayant sa résidence particulière, il n'y a plus de maison *commune,* il en
résulte que le mari peut impunément introduire une étrangère dans les lieux qu'occupait sa femme légitime. Celle-ci,
au contraire, quoique séparée, peut toujours être poursui-
vie pour adultère.

L'impunité dont jouit ainsi le mari séparé n'est-elle pas
scandaleuse ? Ce scandale cesserait si, comme nous le demandons, l'*entretien* d'une concubine *n'importe où* constituait le
mari en état d'adultère.

Aux termes de l'article 386 du Code civil, l'usufruit que

---

la loi accorde au père, et, après le décès du père, à la mère, sur les biens de leurs enfants, n'avait pas lieu au profit de l'époux contre lequel le divorce était prononcé. Il y aurait justice à appliquer cette déchéance au cas de séparation.

Nous voudrions aussi que les tribunaux eussent la faculté de prononcer, selon les circonstances, contre l'époux qui aurait donné lieu à la séparation de corps, la déchéance de sa puissance paternelle. Voici un fait qui montre combien toute cette matière pèche et a besoin d'être revisée : une femme demande la séparation et l'obtient ; la garde des enfants lui est confiée. L'un d'eux, âgé de quinze ans, était pensionnaire dans un lycée de Paris. Le père, qui avait seulement la faculté de voir son fils au lycée, voulut un jour le faire sortir. Le proviseur s'y refusa. Que fit le père ? Sur les conseils d'un avocat, en vertu de sa puissance paternelle, il émancipa son fils, et celui-ci, pouvant sortir à son gré, se rendait souvent chez son père.

N'est-il pas bizarre et triste à la fois que la loi elle-même fournisse le moyen de mettre à néant une décision prise par la justice en connaissance de cause ?

X

EXAMEN DE LA QUESTION

DE L'INDISSOLUBILITÉ DU MARIAGE

« On s'est trompé en voulant faire du divorce une
question de conscience religieuse; c'est une question
d'ordre public. »

(M. WOLOWSKI, *De la Société conjugale.*)

Puisqu'à plusieurs reprises le rétablissement du divorce a
été proposé, et que de bons esprits le réclament dans l'intérêt même des mœurs, nous ne pouvons passer sous silence
cette importante question de l'indissolubilité du mariage.

Nous avons examiné le pour et le contre sans opinion
préconçue. Un examen sérieux nous a conduit à nous ranger
sans hésitation du côté de ceux qui sont fermement convaincus que l'intérêt social exige l'indissolubilité du lien
conjugal.

D'abord, le mariage n'est pas un contrat ordinaire. En le
résiliant, les deux parties ne pourraient se remettre dans
l'état où elles se trouvaient avant de le former. L'homme en
sortirait peut-être avec toute son autorité; la femme n'en
sortirait jamais avec toute sa dignité. De tout ce qu'elle y
aurait apporté, jeunesse, beauté, considération, fortune,
elle ne pourrait, en cas de rupture, reprendre que son argent.
— La perpétuité dans le mariage paraît donc être le vœu
même de la nature.

Objectera-t-on qu'il ne saurait être permis de prendre des engagements indissolubles et par cela même téméraires ? Nous répondrions, avec M. Troplong (1), qu'il ne faut pas appeler « engagement téméraire, celui d'être fidèle à un serment que la loi autorise, c'est-à-dire de remplir son devoir. L'aversion que la société moderne a contre les vœux religieux ne s'explique, aux yeux de la raison, que parce que ces vœux sont contraires à la nature ; mais la promesse d'une fidélité immuable dans le mariage n'est pas contraire à la nature (2). Bien loin de là, l'engagement de ne pas rompre le lien est inhérent au mariage ; il en est une des conditions naturelles ; c'est par là que le mariage se distingue du concubinage et s'élève à la hauteur d'une sainte et publique institution. Qu'on n'argumente donc pas des principes ordinaires du droit public et privé, d'après lesquels la liberté est inaliénable et imprescriptible. La nature du mariage les repousse comme inapplicables : le mariage, en soi-même, par sa destination avouée, reconnue, acceptée, par

____

(1) Mémoire sur l'esprit démocratique dans le Code civil.

(2) Cette même pensée a été développée avec beaucoup d'élévation et de charme par M. Paul Janet dans son beau livre: *La Famille* (p. 300 et suivantes). « En liant l'amour par les engagements du devoir, en lui faisant promettre une éternelle fidélité, la famille ne va pas contre la nature de l'amour, elle obéit, au contraire, à sa nature même. L'éternité est si bien de la nature de l'amour qu'il n'oserait rien demander ni rien donner sans promettre l'éternité. Ses premiers actes sont toujours des serments de fidélité sans fin, et, même lorsqu'il trompe, il est encore obligé de feindre ce langage, sans lequel il n'obtiendrait rien.. On fait valoir les droits du cœur et l'impossibilité des vœux éternels. Je reconnais que l'amour a des droits pour former l'union conjugale ; mais il n'en a point pour la dissoudre. Au principe de la liberté du cœur, il faut opposer celui de la fidélité du cœur, et c'est faire au cœur une part plus belle et une gloire plus pure que de réclamer pour lui le privilége de se donner au hasard et de changer sans cesse d'objet... J'avoue que, pour demander au cœur un enchaînement irrémissible, il faut de graves raisons. J'en vois deux qui me paraissent irrécusables: la dignité de la femme et l'intérêt des enfants, »

ses fins légitimes, par son influence sur la famille et les enfants, le mariage est dans sa définition légale, politique, naturelle, un lien qui engage toute la vie, *consortium omnis vitæ*. Il n'est le mariage que parce qu'il n'est pas un lien temporaire, et que les deux époux se donnent indissolublement l'un à l'autre. Voilà sa nature. Et c'est se montrer contraire à la nature que de réclamer pour lui la révocabilité des vœux téméraires. Il n'y a de vœux téméraires que ceux qui faussent la nature, mais les vœux qui rentrent dans ses fins sont sacrés.

« Quand un peuple a le divorce dans ses lois, on le loue de ce qu'il ne le pratique pas ; quand il ne l'a pas, voudrait-on qu'il pût le pratiquer ? Jusques à quand donc marcherons-nous de contradiction en contradiction ? »

Nous sommes loin de nier les douleurs cuisantes de certains mariages et l'affreuse situation de deux êtres condamnés à vivre ensemble ou à demeurer isolés l'un de l'autre. Mais ce n'est pas au point de vue des intérêts individuels, c'est au point de vue des intérêts sociaux qu'il faut se placer pour admettre ou rejeter le divorce. La séparation de corps sans dissolution du lien peut devenir un malheur nécessaire, mais elle remédie à tous les désordres de la désunion des cœurs et la raison s'en contente. Les choix seront plus prudents lorsque les suites en seront plus sérieuses. Les passions et les désirs excités par l'inconstance naturelle à l'homme s'arrêteront devant l'impossibilité de se satisfaire. On supportera patiemment ce qui serait intolérable si le mariage pouvait être dissous. Enfin, si les défauts et les vices changent le lien de toute la vie en un malheur de tous les jours, la séparation de corps, laissant aux caractères aigris le temps de s'adoucir, ménage aux cœurs l'espoir et la facilité de se réunir.

Est-il vrai , comme l'a prétendu Montaigne (1), que la gêne d'un lien indissoluble rend ce lien moins attachant, tandis que la possibilité de le briser donne à l'affection quelque chose de plus attentif et de plus empressé ? « Nous avons pensé, » dit-il, « attacher plus ferme nœud de nos mariages, pour avoir osté tout moyen de les distendre ; mais d'autant s'est desprins et relasché le nœud de la volonté et de l'affection, que celui de la contrainte s'est estrecy, et au rebours, ce qui teint les mariages, à Rome, si long-temps en honneur et en seureté, feut la liberté de les rompre qui vouldroit. Ils gardoient mieux leurs femmes, d'autant qu'ils les pouvoient perdre. »

Montaigne s'est trompé, à notre avis. C'est le contraire qui est vrai, et, comme l'a dit avec raison M. Troplong (2), « ce serait merveille si l'homme provoqué au changement se jetait par opposition dans l'immobilité. Multipliez les causes du divorce, vous multipliez les écarts dont il est la punition, car cette punition a souvent des douceurs pour le coupable ; elle lui donne la liberté à la place d'un lien qu'il n'en est venu à haïr que parce qu'il peut le rompre. L'a-dultère est une cause de divorce, mais on peut dire, l'histoire et l'Évangile à la main, que le divorce fait naître l'adultère. Enchaînez, au contraire, les époux dans un lien indisso-luble, ils arrangeront leur vie sur cette nécessité ; ils domp-teront les passions qui les troubleraient, et se feront des vertus appropriées à leur situation, pareils à ces cénobites dont parle Montesquieu, qui étaient d'autant plus attachés à leur règle que cette règle était plus dure. »

En se déclarant l'adversaire du divorce, M. Francis

------

(1) *Essais*, livre II, chap. xv.
(2) *Mémoire sur l'esprit démocratique dans le Code civil.*

Wey (1) rapporte la confession d'un mari divorcé, remarié sous l'Empire à une femme divorcée. Elle est de nature à faire sérieusement réfléchir les esprits qui seraient tentés de se prononcer pour le divorce : il nous paraît donc bon de la reproduire. « Cette tolérance de la loi, disait-il, a fait le malheur de ma vie. Dans le pire des ménages, on s'aime plus qu'on ne le croit ; et n'eût-on été vraiment uni que peu de temps, le souvenir de ces heures si courtes est impérissable ! Ma première femme n'est jamais redevenue pour moi une étrangère : souvent je l'ai rencontrée dans le monde, où sa vue me causait un indicible malaise. L'antipathie que m'inspirait le premier époux de ma seconde femme m'indiquait trop clairement l'aversion que je lisais dans les yeux du second mari de ma première.

« Ils ne furent pas heureux ; je la vis, plongée dans la misère, se faner avant l'automne et souffrir des angoisses de la faim. Sa pâleur, son indigence, étaient pour moi des remords invincibles, impuissants, et cette préoccupation cruelle refroidit peu à peu ma tendresse pour ma seconde femme, pour la mère de mes enfants.

« Je tremblais que ces derniers ne découvrissent le secret de ces nœuds brisés, et, en dépit du bénéfice des lois, je sentais que je rougirais devant eux de ces serments trahis, de cette infidélité publique.

« Éclairé par ma conscience, dès qu'un nuage passait sur le front de leur mère, j'y cherchais la trace d'un regret, et je me sentais justement trahi au fond de son âme.

« Ce que j'étais pour elle, un autre l'avait été publiquement ; il était là ; leurs regards se concentraient ; il lisait dans sa pensée aussi clairement que moi-même ; il la savait tout entière, et cette science du souvenir était son droit, car la loi n'avait pu anéantir le passé.

---

(1) *Manuel des droits et des devoirs*, article *Divorce*.

« Que d'humiliations occultes, que d'amertume cachée cette situation répugnante entraîne après elle !

« Je n'aimais pas ma première femme ; toutefois je ne me suis jamais senti marié qu'avec elle ; le lien nouveau, en dépit de ma logique, était froid et fragile comme une liaison coupable ; il était sans prestige, sans passion et sans mystère.

« Notre couple infortuné n'était point recherché dans le monde, où l'on craignait de mettre en présence le présent et le passé ; une certaine pudeur invincible éloignait de nous les intimités. Comment me serais-je mépris sur ces scrupules involontaires de la conscience d'autrui, moi qui ne pouvais réduire la mienne au sommeil !

« Que de fois je sentis mon cœur entraîné vers d'autres amours qui m'apportassent une âme toute à moi ! De telles tentations devaient être mutuelles...

« Ma première femme eut un amant ; je l'appris, et mon front se couvrit de rougeur. Cependant mon honneur n'était plus engagé là ; mais où l'honneur a jeté racine, il reste à jamais fixé.

« Depuis cette époque, ma femme divorcée continua de paraître à son aise auprès de son mari ; — son mari !... Mais mes regards la troublaient jusqu'au plus profond de son cœur. Pourquoi ?

« Enfin,... dans un tel ménage, l'on est toujours au moins deux, et l'on ne réussit pas à ne faire qu'un ; celle que j'avais rejetée était *ma* femme divorcée ; sa rivale était à moi, mais elle était encore la *femme* divorcée *d'un autre*.

« Ma tranquillité tenait à une rencontre, à un mot, à une explication ; et puis, faut-il vous l'avouer ? Celle qui avait pu, des bras d'autrui, passer dans les miens, et afficher cette infidélité dont j'étais le complice, ne m'inspira jamais une pleine confiance.

« Elle avait, comme moi, affronté les bancs des tribunaux,

publié les secrets de son premier ménage, livré sa pudeur
et ses sentiments à la loquacité des avocats et aux com-
mentaires de la foule ; je l'avais ramassée au pilori de l'o-
pinion.

« En vain tous les prêtres du monde eussent-ils consacré
ce lien funeste, l'esprit de la religion protestait contre
dans toutes leurs formules ; Dieu était absent, et le dogme
destiné à ennoblir l'union des cœurs devenait impuissant à
déguiser la triviale réalité d'une promiscuité dégradante.

« Croyez-moi,... la séparation n'est que triste, mais elle
laisse la dignité sauve : le divorce avilit, il révolte la conscience, il consacre un mensonge, il désunit la famille, il
matérialise le mariage ; il fait d'un sacrement auguste un
bail plus ou moins emphytéotique; il répugne à nos mœurs,
et glisse l'égoïsme, avec la défiance, dans le plus intime et
le plus saint des contrats. »

Il est bon de remarquer que le divorce, réclamé surtout
comme un appui et une protection pour les femmes, a été
généralement repoussé par elles. Dans ces dernières années,
Mme de Marchef-Girard , auteur d'un remarquable travail
sur *les femmes, leur passé, leur présent, leur avenir,* s'est
prononcée contre le divorce, qui, au surplus, ainsi que l'a
très-bien dit M. Troplong, serait « plutôt une concession
faite aux classes élevées et perverties par les abus du bien-
être qu'aux populations laborieuses qui n'ont pas le temps
de connaître les raffinements de l'ennui et qui se renferment
dans la vie de famille. »

On a protesté contre la suppression du divorce au nom
de la liberté de conscience. L'objection serait fondée si la
question du divorce était une question purement religieuse;
mais elle est avant tout une question d'ordre public, et la
légitimité de la solution se trouve dans l'intérêt social que

les lois doivent sauvegarder. Or, « la loi peut très-légitimement proclamer l'indissolubilité du mariage. Elle se borne à faire respecter un contrat quand l'un des époux en réclame l'exécution. Elle s'impose, au contraire, aux libertés individuelles quand les époux s'accordent pour anéantir le lien qu'ils avaient librement formé (1). »

Par toutes ces considérations, nous nous prononçons avec une entière conviction en faveur de l'indissolubilité du mariage. Nous pensons, avec M. de Bonald (2), que « toutes les limitations à la faculté du divorce, tous les obstacles opposés pourraient rendre le divorce difficile, » mais que « l'indissolubilité seule rend le mariage honorable. »

Nous disons, avec M. Jules Simon (3) : « Si les mariages se font mal, le remède n'est pas de rendre le mariage éphémère... Corrigez le mariage dans sa source, ne l'affaiblissez pas dans son essence. » — Enfin, nous répétons, avec M. Francis Wey (4): « Que l'intérêt cesse de présider aux mariages ; que la sympathie, que la passion en soient les mobiles ; que l'éducation religieuse et morale élève nos mœurs à l'intelligence des devoirs conjugaux, à la gravité d'un sentiment profond, durable et fondé sur le dévouement et l'estime ; — en un mot, travaillez à affaiblir peu à peu les inconvénients actuels du mariage ; et le divorce, devenu sans utilité, paraîtra ce qu'il est, en effet, une contradiction avec notre foi religieuse, un agent de dissolution pour la famille et un écueil pour la moralité publique. »

---

(1) M. BERTAULD, *Du droit de la souveraineté sociale sur la liberté individuelle, etc. (Revue critique de législation,* novembre 1861.)
(2) *Du divorce considéré au* XIX*e* *siècle,* 2*e* édition, 1805, p. 284.
(3) *La liberté,* t. 1*er*, p. 358.
(4) *Manuel des droits et des devoirs,* article *Divorce.*

CONCLUSION

« Les uns disent : Il faut changer la société; les
autres : Il faut changer l'individu. Mais la société ne
s'améliore pas sans l'individu, et l'individu ne s'améliore guère tout seul; au moins, est-ce une entreprise
bien plus difficile. Il nous faut, en général, un point
d'appui; ce point d'appui, c'est la famille. »

(M. Paul JANET, *la Famille*, p. 313.)

Notre tâche est terminée. Après avoir fait connaître
l'état actuel des mœurs et de la famille en France par
la statistique des mariages, des naissances légitimes et
illégitimes, des séparations de corps, etc., nous avons
signalé les causes multiples qui contribuent au relâchement des mœurs, à l'affaiblissement du mariage, et nous
avons indiqué les remèdes propres, selon nous, à relever
le niveau de la moralité publique, à rendre au mariage
l'honneur qui lui est dû.

Nous n'avons pas cherché à assombrir le tableau
assez triste de notre société morale. Nous ne sommes
point de ces esprits chagrins, détracteurs systématiques
de leur temps, qui, fermant les yeux sur le bien, se
plaisent à exagérer le mal. Un pareil travers ne date
pas d'aujourd'hui, et il serait plus vrai de dire que le
monde est, à peu de chose près, ce qu'il a toujours été.

16*

Depuis les plaintes qu'Homère (1) met dans la bouche du vieux Nestor, que de fois n'a-t-on pas crié à la décadence! Les poëtes latins (2) sont pleins de lamentations sur les vices de leurs contemporains. — Et le vertueux Pothier n'a-t-il pas fait aussi entendre ses doléances dans un siècle que beaucoup de gens nous proposeraient aujourd'hui pour modèle! « La corruption des mœurs, » dit-il (3), « qui est allée toujours croissant, et qui est aujourd'hui *parvenue à son comble...* »

Il faut se garder de ce pessimisme, et, pour notre compte, nous préférons de beaucoup le sentiment exprimé par Sénèque dans une de ses lettres à Lucilius (4) : « C'est une erreur de regarder comme un vice particulier à notre siècle le luxe, l'oubli des bonnes pratiques et tous ces dérèglements dont chacun se plaît à accuser le temps présent. Ce sont les vices des hommes et non des temps. Aucune époque n'a été exempte de fautes. Et si vous vouliez comparer la licence de chaque siècle, je le dis à regret, mais jamais le vice ne s'est montré plus à découvert que sous les yeux de Caton. »

---

(1) *Iliade,* I, vers 260 et suivants.

(2) « . . . . Et quando uberior vitiorum copia ?
   Quando major avaritiæ patuit sinus ?
   Alea quando hos animos ? »

   (JUVÉNAL, *sat.* I.)

   « Damnosa quid non imminuit dies ?
   Ætas parentum, pejor avis, tulit
   Nos nequiores, mox daturos
   Progeniem vitiosiorem. »

   (HORACE, *Odes,* lib. III, *Ad Romanos.*)

(3) *Traité du contrat de mariage,* partie V, chap. Ier.

(4) *Ad Lucilium,* epist. XCVII.

Non, la société actuelle n'est pas une société dégénérée, malgré le grossier sensualisme qui semble l'avoir pénétrée, malgré un certain abaissement des caractères et de tristes palinodies, car l'esprit de justice et d'égalité se fait de plus en plus jour dans nos lois; jamais la préoccupation de l'amélioration du sort du plus grand nombre n'a été aussi vive et aussi générale. Nos mœurs, si relâchées qu'elles soient, peuvent soutenir la comparaison avec ce qu'étaient nos mœurs il y a trois quarts de siècle. Enfin, les maux qui travaillent notre société, encore mal assise, ne sont pas incurables. Nous sommes même fermement persuadé qu'il serait aisé de les guérir.

Parmi les réformes que nous avons indiquées, les unes (c'est le plus grand nombre) dépendent de l'initiative privée. Nous avons foi en elle si on la débarrasse enfin des entraves qui jusqu'à présent l'ont gênée ou paralysée. Les autres dépendent du gouvernement. C'est à lui notamment qu'il appartient de provoquer la modification des lois qui protégent d'une manière insuffisante la pureté publique, et de restreindre ainsi le plus possible le cercle dans lequel la débauche se meut inpunément. Qu'il se préoccupe plus sérieusement de la moralité publique; c'est ce que nous sommes en droit de réclamer de lui. Nous ne lui demandons pas autre chose; aux gens de bien, aux bons citoyens de faire le reste, en donnant surtout l'exemple salutaire des vertus domestiques.

Il est une chose, en effet, dont il faut bien se pénétrer, « c'est que l'ouvrier dans sa manière d'être est moins

original qu'on ne le suppose, et que pour ses vices particulièrement, il prend volontiers ses modèles au-dessus
de lui. Ainsi quand on lui reproche ses liaisons irrégulières, n'est-il pas fondé à renvoyer l'accusation à ceux
qui la portent? Le désir de paraître, le goût des spectacles, les instincts de luxe qui s'emparent de plus en
plus de lui ne sont-ils pas, dans toutes les conditions,
le travers dominant? La passion même du cabaret, de
toutes la plus funeste, est-elle absolument sans excuse
quand on voit la ligne de nos boulevards se convertir
d'un bout à l'autre en une longue tabagie? Pourquoi
l'ouvrier serait-il si coupable de déserter le soir sa
maison quand c'est la manie universelle, et qu'à la vie
des salons succède peu à peu la vie des cercles, où se
perdent les derniers vestiges d'une société polie? Se
sent-on enfin l'esprit assez dégagé, au milieu de l'osten-
tation qui règne et de prodigalités poussées jusqu'au
vertige, pour insister sur un grief qui est habituel à
l'ouvrier, le manque de prévoyance et l'éloignement pour
l'épargne? Toutes les remontrances, tous les conseils
ne valent pas un bon exemple, et quoi qu'on en ait, la
société se met en harmonie avec elle-même. On ne peut
pas donner, dans les rangs élevés, le spectacle de
mœurs relâchées, de consciences perverties, d'appétits
déréglés, sans s'attendre à retrouver en bas, sous une
forme plus grossière, les mêmes défaillances, les mêmes
désordres et le même abaissement. On ne recueille que
ce que l'on a semé (1). »

---

(1) M. Louis REYBAUD. *Condition morale, intellectuelle et matérielle des
ouvriers qui vivent de l'industrie du coton.*

Au milieu des désastres de la patrie, une pensée consolante vient ranimer notre esprit abattu. Il nous semble impossible que la France, accablée en ce moment par la mauvaise fortune, ne se retrempe pas dans le malheur, et, de tant de calamités, ne sorte pas bientôt purifiée et régénérée.

C'est là, du moins, notre espoir, et c'est en même temps notre vœu le plus cher, car « si le progrès moral marchait de pair avec le progrès matériel, alors serait réalisé le rêve brillant de l'âge d'or qu'une tradition aveugle avait mis dans le passé, tandis qu'il est devant nous, s'il est quelque part en ce monde (1). »

-----

(1) M. Michel CHEVALIER, *Cours d'économie politique*, 1841-42, discours d'ouverture.

A B
Contraste insuffisant ou
différent, mauvaise qualité
d'impression

Under-contrast or different,
bad printing quality